新完全マスター 漢字
日本語能力試験 N3
ベトナム語版

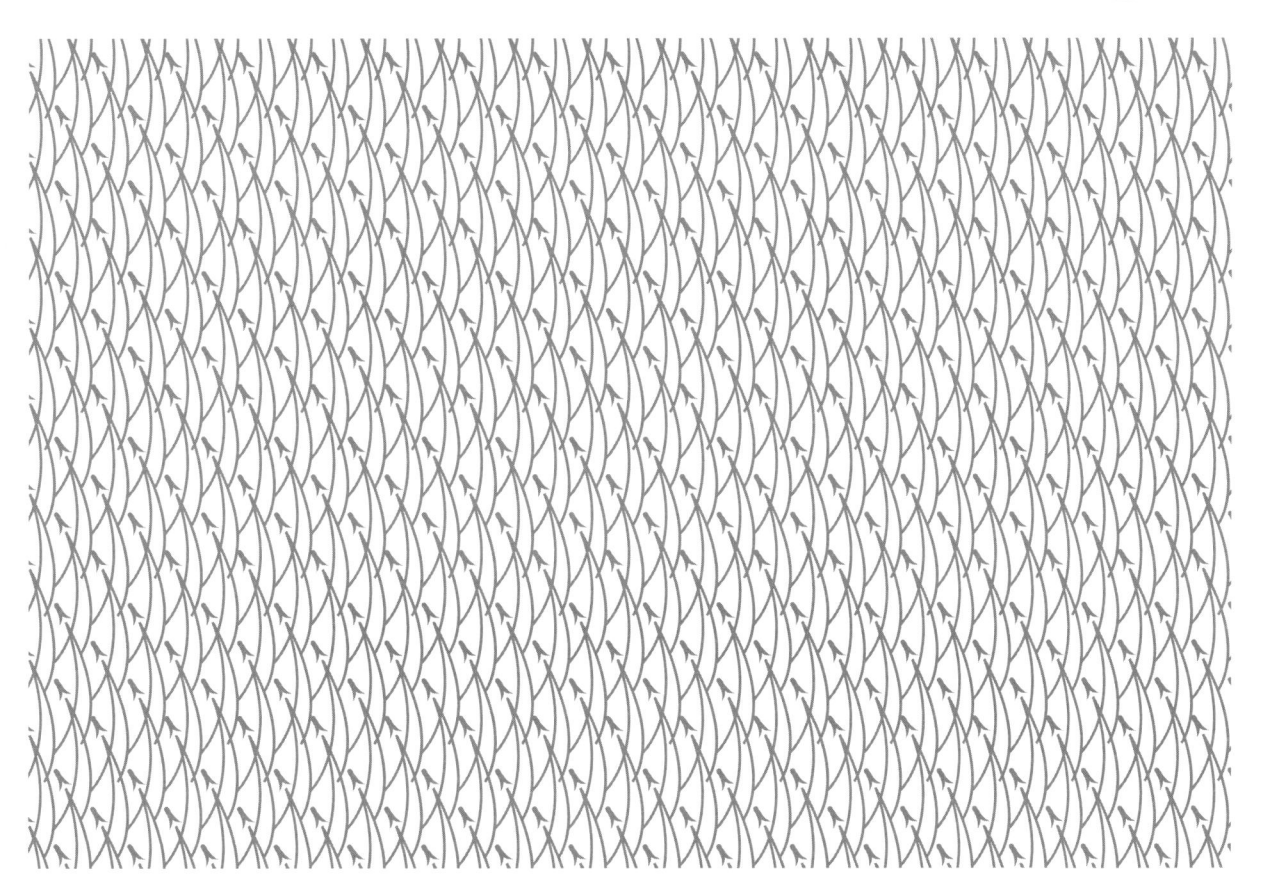

石井怜子・青柳方子・鈴木英子・髙木美穂・森田亮子・山崎洋子 著

スリーエーネットワーク

© 2015 by Ishii Reiko, Aoyagi Masako, Suzuki Hideko, Takagi Miho, Morita Ryoko and Yamazaki Hiroko

All rights reserved. No part of this publication may be reproduced, stored in a retrieval system or transmitted in any form or by any means, electronic, mechanical, photocopying, recording, or otherwise, without the prior written permission of the Publisher.

Published by 3A Corporation.
Trusty Kojimachi Bldg., 2F, 4, Kojimachi 3-Chome, Chiyoda-ku, Tokyo 102-0083, Japan

ISBN978-4-88319-711-8 C0081

First published 2015
Printed in Japan

はじめに

　本書は、N4程度までの漢字300字の学習を終えて、中級に入る学習者の方を対象とした漢字テキストです。全25回でN3レベルの354字の漢字を中心に学びます。学習に際しては、別冊の「漢字と言葉のリスト」でその回に学ぶ漢字と言葉を予習し、それから本冊の問題を解いて、漢字を身につけていくようになっています。

　本書の特徴の一つは、「漢字は語の表記にこそ必要なもの」という立場から、漢字それ自体を1字ずつ取り上げて学ぶのではなく、漢字を語として文の中で使いながら学べるように工夫をしていることです。これは、既刊の『新完全マスター漢字日本語能力試験N2』『同　N1』から一貫して変わりません。もう一つの特徴は、それぞれの漢字が日本語の表記の体系の中で持つ特徴及び、N3レベルの学習者にとっての必要性と学習上の難しさに注目して、N3レベルの漢字を体系づけ、学習するようにしてあることです。

　多くの漢字は訓読みと音読みを持っていますが、その両方が必ずしも等しく使用されるわけではなく、さらに、どちらか一方はもっと先のレベルで学べばよいものもあります。また、音読みを中心にして非常に多くの語を作ることができる漢字もあり、このような漢字は、1字学ぶことによって得られる効果が大きいと言えます。その一方で、N3レベルの語でもいくつもの読み方があって、学習者に「漢字は難しい」という印象を抱かせてしまうものもあります。今までこのような漢字の特徴については、あまり注意が払われてこなかったのではないでしょうか。本書は、このような観点から、学習する漢字を5つの部に分け、それによって練習のしかたを変えることで、効率よく学習し、日本語の表記体系を無理なく身につけられるようにしてあります。

　なお、非漢字圏からの学習者が増加していることを踏まえ、本文には筆画が分かりやすい教科書体の少し大きい文字を採用し、漢字の組み立てに注目する問題も取り入れました。また、自習を補助するために、各回の学習項目の漢字以外は総ルビとし、本書ベトナム語版では「漢字と言葉のリスト」のN3レベルの語にベトナム語訳をつけてあります。練習問題には、実際に遭遇する「読む」場面をできるだけ取り入れました。練習に添えられたイラストは、漢字の言葉の意味や、それが使われる状況の理解を助けるでしょう。本書が単調で大変な漢字学習というイメージを少しでも払拭し、実際の漢字の使用に即した力をつけるためのお役に立てればと願っています。

　本書の作成にあたっては、日本語学校の学習者の方々に試用していただき、数々の貴重な感想と助言を頂きました。この場を借りて、お礼を申し上げます。

著者代表　石井怜子

目次 Mục lục

はじめに

学習者の皆さんへ：この本の使い方 vi

Cách sử dụng cuốn sách viii

第1部 一つの漢字で言葉になる漢字　Một chữ Hán có thể tạo thành từ

訓読みを覚えましょう　Hãy ghi nhớ âm KUN 2

- 第1回　訓読み：名詞　Cách đọc âm KUN - Danh từ 4
- 第2回　訓読み：動詞（1）　Cách đọc âm KUN - Động từ (1) 6
  - 送り仮名　Okurigana 9
- 第3回　訓読み：動詞（2）　Cách đọc âm KUN - Động từ (2) 10
- 第4回　訓読み：形容詞など　Cách đọc âm KUN - Tính từ, v.v… 12
  - 特別な読み方をする漢字の言葉　Các từ chữ Hán có cách đọc đặc biệt 14
- まとめ問題（1）　Bài tập tổng hợp (1) 16

第2部 たくさんの言葉を作る漢字　Chữ Hán tạo được nhiều từ

音読みを覚えましょう　Hãy ghi nhớ âm ON 20

- 第5回　たくさんの言葉を作る漢字：音読み　Chữ Hán tạo được nhiều từ - Cách đọc âm ON 22
- 訓読みと音読み　Cách đọc âm KUN và âm ON 26
- 第6回　たくさんの言葉を作る漢字：音読みと訓読み 28
  Chữ Hán tạo được nhiều từ - Cách đọc âm ON và âm KUN
- まとめ問題（2）　Bài tập tổng hợp (2) 31

第3部 場面の言葉を作る漢字　Các chữ Hán theo chủ đề

- 第7回　政治・経済・社会（1）　Chính trị, kinh tế, xã hội (1) 36
- 第8回　政治・経済・社会（2）　Chính trị, kinh tế, xã hội (2) 38
- 第9回　政治・経済・社会（3）　Chính trị, kinh tế, xã hội (3) 40
- まとめ問題（3）　Bài tập tổng hợp (3) 42
- 第10回　教育・文化・生活（1）　Giáo dục, văn hóa, cuộc sống (1) 44
- 第11回　教育・文化・生活（2）　Giáo dục, văn hóa, cuộc sống (2) 46
- 第12回　教育・文化・生活（3）　Giáo dục, văn hóa, cuộc sống (3) 48
- 第13回　教育・文化・生活（4）　Giáo dục, văn hóa, cuộc sống (4) 51
- 第14回　教育・文化・生活（5）　Giáo dục, văn hóa, cuộc sống (5) 53
- まとめ問題（4）　Bài tập tổng hợp (4) 56
- 第15回　交通・旅行（1）　Giao thông, du lịch (1) 58

第16回　交通・旅行（2）　Giao thông, du lịch (2) 60
まとめ問題（5）　Bài tập tổng hợp (5) 63
読み方のルール1　Quy tắc về cách đọc - 1 66
読み方のルール2　Quy tắc về cách đọc - 2 71

第4部　音読みと訓読みを覚える漢字　Những chữ Hán cần ghi nhớ cả âm ON và âm KUN

第17回　新しく音読みを覚える漢字：動詞 74
　　　　Những chữ Hán có âm ON mới cần ghi nhớ - Động từ
第18回　新しく音読みを覚える漢字：名詞や形容詞 77
　　　　Những chữ Hán có âm ON mới cần ghi nhớ - Danh từ và tính từ
まとめ問題（6）　Bài tập tổng hợp (6) 79
第19回　音読みと訓読みを覚える新しい漢字：動詞 81
　　　　Những chữ Hán mới có âm ON và âm KUN cần ghi nhớ - Động từ
第20回　音読みと訓読みを覚える新しい漢字：名詞や形容詞 84
　　　　Những chữ Hán mới có âm ON và âm KUN cần ghi nhớ - Danh từ và tính từ
まとめ問題（7）　Bài tập tổng hợp (7) 86

第5部　たくさんの読み方がある漢字　Những chữ Hán có nhiều cách đọc

第21回　二つ以上の訓読みを覚える漢字　Những chữ Hán có trên hai âm KUN cần ghi nhớ 90
第22回　二つめの音読みを覚える漢字　Những chữ Hán có cách đọc âm ON thứ hai cần ghi nhớ ... 94
第23回　二つの音読みを覚える新しい漢字 96
　　　　Những chữ Hán mới có hai cách đọc âm ON cần ghi nhớ
第24回　三つ以上の読み方を覚える漢字（1） 98
　　　　Những chữ Hán có trên ba cách đọc cần ghi nhớ (1)
第25回　三つ以上の読み方を覚える漢字（2） 100
　　　　Những chữ Hán có trên ba cách đọc cần ghi nhớ (2)

実力テスト　Kiểm tra năng lực

実力テスト1　Bài kiểm tra số 1 104
実力テスト2　Bài kiểm tra số 2 106

索引　Bảng tra từ 108

別冊　漢字と言葉のリスト　Danh mục chữ Hán và từ vựng
Phần phụ lục　N5・N4レベルの300字の漢字とその読み方
　　　　　　　300 chữ Hán thuộc trình độ N5/N4 và cách đọc
　　　　　　　解答　Đáp án

学習者の皆さんへ：この本の使い方

　この本は、初級が終わった人が日本語能力試験N3レベルの漢字とその読み方を学ぶ本です。非漢字圏の方も漢字圏の方も、教室だけでなく自分でも学習できるように、工夫がされています。この本で、身の回りの漢字や文章を読むのに役立つ力をつけてください。

対象

　日本語能力試験N5・N4レベルの300字の漢字とその読み方を学んだ人を対象にしています。初級が終わって中級に入った人から使うことができます。

【注意】

　N5・N4レベルの300字の漢字とその読み方は、別冊に載せてあります。この本で勉強を始める前に、300字の漢字と読み方を一度チェックしておくことをお勧めします。

この本の特色

①日本語能力試験N3レベルに必要な漢字と読み方を全25回で学習します。
　学習するのは、新しく学ぶ漢字354字とその読み方、そして、N5・N4レベルの漢字の中の88字の新しい読み方です。

②学習のポイントがよく分かるように工夫してあります。
　漢字は一つ一つが特徴を持っています。例えば、一つの読み方だけを覚えればいい漢字、他の漢字と組み合わさって、たくさんの漢字の言葉を作る漢字、たくさん読み方がある漢字、などです。各回は同じ特徴を持つ漢字が集めてあるので、学習のポイントがよく分かります。

③漢字を文の中に入れて使ったり、いろいろな言葉を作ったりする練習によって、漢字の実際の使い方がよく分かります。

④豊富なイラストで、漢字や漢字の言葉の意味の理解を助けます。また、イラストがあることで、楽しみながら学習ができます。

この本の使い方と学習の期間

①別冊の「漢字と言葉のリスト」でその回の言葉を予習してから、問題をやってください。
　各回には、次のようなマークが付いていて、その回の漢字の特徴を表しています。
　　訓：訓読みだけを覚える漢字
　　音：音読みだけを覚える漢字
　　音訓：音読みと訓読みの両方を覚える漢字
マークで回のポイントを知って学習すると、効率よく勉強ができます。

②学習のしかたは、例えば２日で１回進めるなら、１日目は「漢字と言葉のリスト」で予習をして、２日目に問題をやって、解答をチェックするといいでしょう。
　大変だったら、もう少しゆっくりしたペースで進めてください。自分のペースに合わせて、しっかり勉強することが大切です。
　N2レベルに進む前の復習として使いたい方は、先に問題をやってから「漢字と言葉のリスト」で確認するという方法でもいいです。

Cách sử dụng cuốn sách

Đây là cuốn sách dành cho những người đã kết thúc trình độ sơ cấp muốn học các chữ Hán trình độ N3 trong Kỳ thi năng lực tiếng Nhật và cách đọc của các chữ Hán đó. Chúng tôi đã cố gắng biên soạn để những bạn ở các nước không sử dụng chữ Hán hay sử dụng chữ Hán đều có thể dùng để tự học ngoài giờ lên lớp. Với cuốn sách này, các bạn hãy trang bị cho mình năng lực để đọc các chữ Hán hay đoạn văn xung quanh mình.

Đối tượng

Đối tượng của cuốn sách này là những người đã học và biết cách đọc khoảng 300 chữ Hán ở mức độ N5, N4 của Kỳ thi năng lực tiếng Nhật. Những người học xong trình độ sơ cấp bước vào trình độ trung cấp cũng có thể sử dụng cuốn sách này.

Chú ý:

Cách đọc của khoảng 300 chữ Hán ở trình độ N5, N4 được in ở Phần phụ lục. Trước khi bắt đầu học với quyển sách này, chúng tôi khuyên bạn nên xem lại một lần nữa cách đọc của 300 chữ Hán trên.

Đặc trưng của cuốn sách

① Các bạn sẽ được học những chữ Hán cần thiết cho trình độ N3 thuộc Kỳ thi năng lực tiếng Nhật và cách đọc chúng thông qua 25 bài khóa. Cụ thể là 354 chữ Hán mới và cách đọc chúng cùng với cách đọc mới của 88 chữ Hán thuộc các chữ Hán trình độ N5, N4.

② Chúng tôi đã cố gắng biên soạn chắt lọc ra những điểm chính để các bạn dễ nắm bắt.
Từng chữ Hán đều mang những đặc điểm riêng. Ví dụ, có những chữ Hán chỉ cần nhớ duy nhất một cách đọc nhưng lại có những chữ Hán bằng cách ghép với những chữ Hán khác tạo ra rất nhiều từ hoặc có những chữ Hán có nhiều cách đọc. Trong mỗi bài khóa có tập hợp những chữ Hán có cùng một đặc điểm nên các bạn sẽ dễ tìm ra được điểm mấu chốt khi học những chữ Hán này.

③ Bằng việc sử dụng các chữ Hán có trong câu, việc luyện tập các cách tạo ra nhiều từ sẽ giúp các bạn hiểu cách sử dụng trong thực tế của chữ Hán.

④ Lượng tranh minh họa phong phú sẽ giúp các bạn trong việc hiểu ý nghĩa của chữ Hán hoặc của từ. Ngoài ra, các tranh minh họa này sẽ giúp các bạn có thể vừa vui vẻ vừa học tập.

Cách sử dụng sách và thời gian học tập

① Các bạn hãy học trước các từ có trong 漢字と言葉のリスト (Danh mục chữ Hán và từ vựng) ở Phần phục lục sau đó mới làm các bài tập.

Trong các bài khóa sẽ có các ký hiệu sau đây thể hiện những đặc điểm của chữ Hán trong bài đó.

訓 : những chữ Hán chỉ cần ghi nhớ âm KUN
音 : những chữ Hán chỉ cần ghi nhớ âm ON
音訓 : những chữ Hán cần phải nhớ cả hai cách đọc âm ON và âm KUN

Nếu bạn nắm bắt được điểm mấu chốt thông qua các ký hiệu này thì bạn có thể học chữ Hán một cách hiệu quả.

② Về cách học chữ Hán, giả sử như các bạn học một bài trong hai ngày thì ngày đầu tiên các bạn nên học trước phần 漢字と言葉のリスト, sau đó ngày thứ hai làm các bài tập và đối chiếu với đáp án sẽ tốt hơn. Nếu cảm thấy hơi khó thì các bạn hãy học chậm lại một chút. Điều quan trọng là các bạn có tốc độ học phù hợp với bản thân và học tập một cách nghiêm túc.

Đối với những bạn muốn ôn tập trước khi bước vào trình độ N2 thì có thể áp dụng cách làm các bài tập trước rồi sau đó mới kiểm tra lại ở 漢字と言葉のリスト.

第1部　一つの漢字で言葉になる漢字

訓読みを覚えましょう Hãy ghi nhớ âm KUN

一つの漢字なのに、いくつも読み方があります。読み方の種類がありますか。

Một chữ Hán mà có những mấy kiểu đọc khác nhau. Có những cách đọc nào?

2種類の読み方があります。一つを訓読み、一つを音読みと言います。

Có hai cách đọc. Một cách đọc gọi là Kunyomi (đọc theo âm KUN (*âm thuần Nhật*)), một cách đọc gọi là Onyomi (đọc theo âm ON (*âm Hán-Nhật*)).

訓読みはどんなときに使いますか。
Cách đọc theo âm KUN được sử dụng trong trường hợp nào?

主に訓読みは、その漢字一つか、または漢字一つと平仮名だけでできる言葉に使います。例えば、「水（みず）」「道（みち）」「行く（い・く）」「急ぐ（いそ・ぐ）」「古い（ふる・い）」などです。
日本語の動詞や形容詞は、普通、訓読みで読みます。
音読みの言葉は、普通、漢字二つ（または二つ以上）でできている（20ページ参照）ので、両方の漢字の音読みを知らなければ読めません。しかし、訓読みは、その漢字の読み方だけ知っていれば、読むことができます。また、訓読みの勉強は、特に動詞や形容詞の勉強になります。

Cách đọc theo âm KUN chủ yếu áp dụng cho những từ được tạo bởi một chữ Hán hoặc tạo bởi một chữ Hán kết hợp với chữ Hiragana. Ví dụ: 水（みず）, 道（みち）, 行く（い・く）, 急ぐ（いそ・ぐ）, 古い（ふる・い）, v.v... Động từ hay tính từ đuôi い trong tiếng Nhật thường được đọc theo âm KUN.
Những từ đọc theo âm ON thông thường là những từ tạo bởi hai chữ Hán (hoặc từ hai chữ Hán trở lên) *(xem thêm ở trang 20)* nên nếu không biết âm ON của cả hai chữ Hán thì sẽ không đọc được. Nhưng đối với cách đọc theo âm KUN thì chỉ cần biết cách đọc của chữ Hán đó thôi là có thể đọc được từ đó. Ngoài ra, việc học âm KUN sẽ đặc biệt giúp ích cho việc tiếp thu động từ cũng như tính từ đuôi い.

第1回 訓　訓読み：名詞　Cách đọc âm KUN - Danh từ

1　絵を見て、読み方を書きましょう。

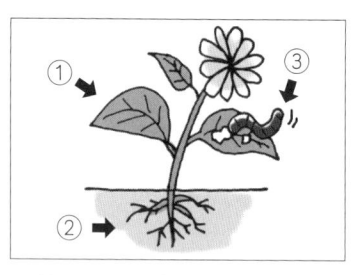

①葉　②根　③虫　　④馬　⑤草　　⑥妻　⑦新しい命　⑧子供
（　）（　）（　）（　）（　）（　）（　　）（　）

2　正しいものを選びましょう。
①この辺り（a あたり　b まわり）に郵便局がありますか。
②新しい型（a かたち　b かた）のパソコンが欲しい。
③海で、かい（a 具　b 貝）を拾った。
④白いたま（a 玉　b 王）のネックレスをもらった。
⑤昨日、友達と夜遅くまでおさけ（a お洒　b お酒）を飲んだ。
⑥ゆき（a 雷　b 電　c 雪）が降っています。寒いですね。
⑦京都には古いおてら（a お待　b お侍　c お寺）がたくさんある。

3　□の中から漢字の部分を選んで、漢字を完成しましょう。読み方も書きましょう。

　　　　豕　生　云　石　田　白

例）駅から [家] まで、歩いて１０分です。
　　　　（いえ）

①空に黒い [雨] がたくさんあって、雨が降りそうです。
　　　　　（　　）

②冬の夜は、[旦] がよく見える。
　　　　　（　　）

③[比] さん、一緒に歌いましょう。
（　　さん）

4 ── 第1部　一つの漢字で言葉になる漢字

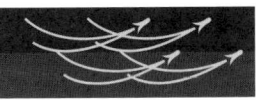

④この山は、全体が 山 でできている。
　　　　　　　（　　　　）

⑤夏の野菜が 火 で大きく育っている。
　　　　　　（　　　）

4 ☐の中から漢字を選んで、文を完成しましょう。読み方も書きましょう。

　　　　　　[月　米　糸　毛　組]

例) 空にきれいな 月 が出ている。
　　　　　　　（ つき ）

①私のクラスは1年3____です。
　　　　　　　　（ 3　　）

②暑いので、髪の____を切った。
　　　　　　（　　　　）

③アジアの人は____をよく食べます。
　　　　　（　　　　　）

④ボタンが取れたので、針と____を借りた。
　　　　　　　　　　　（　　　　　）

5 ____の部分の漢字には読み方を、平仮名には漢字を書きましょう。
①これは、動物の家族の物語だ。　　②白い線の外側を歩かないでください。
　　　　　　　（　　　　　）　　　　　　（　　　　）

③テレビでスポーツの番組を見た。　　④市場で、安い果物を買った。
　　　　　　　　（　　　　）　　　（　　　　）

⑤a大型の車のb窓からは、外の景色がよく見える。
（　　　）（　　　）

⑥ここはむかし、海でした。
　　　（　　　　）

第2回 訓 訓読み：動詞（1） Cách đọc âm KUN - Động từ (1)

1 絵を見て、読み方を書きましょう。

①投げました。　②打ちます。　③泣いています。　④笑っています。
（　げました）（　　ちます）（　　いて）　（　　って）

2 正しいものを選びましょう。

①あの山を越える（a こえる　b ほえる）と、海が見える。
②木村さん、先生がよんで（a 読んで　b 呼んで）いますよ。
③品物の値段をよくくらべて（a 比べて　b 化べて）から買い物します。

3 ＿＿の部分の読み方を書きましょう。

①朝の電車は、いつも込んでいる。
（　　んで）
②花に付いている虫を殺した。
（　　した）
③来月引っ越すことになりました。
（　っ　す）
④地震のときは、落ち着いて行動してください。
（　ち　いて）

4 □の中から漢字の部分を選んで、漢字を完成しましょう。読み方も書きましょう。

| 甲　斤　ム |

①お金をいくら扌□ったらいいですか。
（　　ったら）

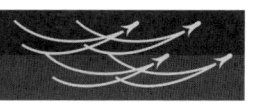

②子供と一緒に、紙を[扌]って動物を作った。
（　　　って）

③このボタンを[扌]すと、お釣りが出ます。
（　　　す）

5　□の中から漢字を選んで、文を完成しましょう。読み方も書きましょう。

　　　　　　　　　| 見　並　渡　落　迎 |

例）友達と映画を <u>見</u> た。
　　　　　　（み　た）

①テーブルの上に、コップを＿＿＿べた。
　　　　　　　　　　　　（　　べた）

②この木は、冬に葉が＿＿＿ちる。
　　　　　　　　　（　　ちる）

③お客様を＿＿＿える準備ができました。
　　　　（　　える）

④橋を＿＿＿ってまっすぐ行くと、パン屋があります。
　　　（　　って）

Memo

送り仮名 Okurigana

「始める」を、「始る」や「始じめる」と書いてはいけませんか。
Có được viết 始める thành 始る hoặc 始じめる không?

「始める」「読む」「大きい」の「める」「む」「きい」など、平仮名で書く部分を送り仮名といいます。同じ漢字でも、言葉が違うと、送り仮名が変わります。例えば、「始める－始まる」「生きる－生まれる」などです。送り仮名も正確に覚えたほうがいいですね。

Phần đuôi viết bằng chữ Hiragana như める, む, きい trong 始める, 読む, 大きい được gọi là Okurigana. Cùng một chữ Hán nhưng từ khác nhau thì Okurigana cũng thay đổi. Ví dụ: 始める—始まる, 生きる—生まれる, v.v... Nên nhớ chính xác đuôi Okurigana.

第3回 訓読み：動詞（2） Cách đọc âm KUN - Động từ (2)

1 絵を見て、読み方を書きましょう。

①減ります。　②困ります。　　③助けます。　④喜びます。
（　　りります）（　　　りります）（　　　けます）（　　　びます）

2 正しいものを選びましょう。
① 台風が近付いて（a ちかついて　b ちかづいて）いるそうだ。
② 会社で日本の仕事のやり方を学んで（a まらんで　b まなんで）います。
③ 引っ越しの手続き（a てづつき　b てつづき　c てづづき）をする。
④ 薬がきいて（a 郊いて　b 効いて）、熱が下がった。
⑤ 泥棒は、車に乗ってにげた（a 速げた　b 挑げた　c 逃げた）らしい。

3 □の中から漢字の部分を選んで、漢字を完成しましょう。読み方も書きましょう。

| 寸 | 青 | 十 | 白 |

① 海の近くのホテルに [氵寸] まった。
　（　　　まった）

② 服にごみが [イ十] いていた。
　（　　　いて）

③ 50メートルを何秒で泳げるか、[言十] ってみた。
　（　　　って）

④ あしたは運動会ですね。[日青] れるといいですね。
　（　　　れる）

第1部　一つの漢字で言葉になる漢字

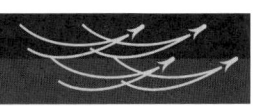

4 ☐の中から漢字を選んで、文を完成しましょう。読み方も書きましょう。

| 負 | 困 | 届 | 続 | 申 |

①初めまして。カリスと_____します。
　　　　　　　　　　（　　　　します）
②鍵を無くして_____りました。
　　　　　　　　（　　　　りました）
③野球の試合は、0対5で_____けてしまった。
　　　　　　　　　　　（　　　けて）
④国から荷物が_____いた。
　　　　　　　（　　　いた）
⑤雨の日が_____くと、洗濯物が乾かない。
　　　　　　　（　　　く）

5 ＿＿の部分の漢字には読み方を、平仮名には漢字を書きましょう。
①申し込みは、インターネットで受け付けています。
（　　し　　み）
②コーヒーを二つお願いします。
　　　　　　　（お　　　いします）
③日本では、子供の数が減っている。
　　　　　　　　　（　　って）
④旅行の日付をカレンダーに書いた。
　　　　（　　　）
⑤いい友達と付き合うようにしなさい。
　　　　　（　　き　　う）
⑥窓の外で鳥がないています。
　　　　　　　（　　いて）
⑦困ったときに、友達がたすけてくれた。
　　　　　　　　　　（　　けて）

第3回　訓読み：動詞(2) — 11

第4回 訓読み：形容詞など　Cách đọc âm KUN - Tính từ, v.v...

1　絵を見て、読み方を書きましょう。

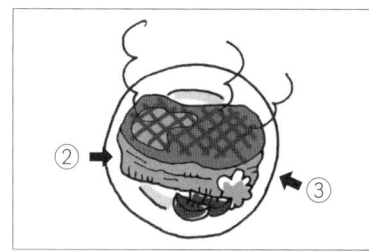

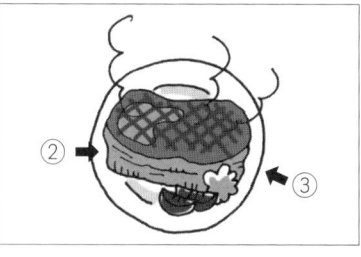

①暖かいです。　②厚いです。　③丸いです。　④難しいです。
（　　かい）　（　　い）　（　　い）　（　　しい）

2　正しいものを選びましょう。
①この歌は若者たち（a わかしゃたち　b わかものたち）に人気がある。
②空が真っ暗（a まっくら　b まっくろ）になって、雨が降ってきた。
③必要な書類は全て（a すべて　b ぜんて　c まだて）持っています。
④おひさしぶり（a お久しぶり　b お又しぶり　c お尺しぶり）です。お元気ですか。

3　☐の中から漢字の部分を選んで、漢字を完成しましょう。読み方も書きましょう。

　　　　　　亡　　京　　心

①今日は | 忄 | しかったので、昼ご飯を食べる時間がなかった。
　（　　　しかった）

②山の上は、| 氵 | しい風が吹いていた。
　（　　　しい）

③この歌は、恋人と別れたときの、| 非 | しい気持ちを歌っている。
　（　　　しい）

第1部　一つの漢字で言葉になる漢字

4 ＿＿の部分の漢字には読み方を、平仮名には漢字を書きましょう。

①あの黄色い帽子は、みどり小学校の帽子です。
　　（　　　い）

②図書館はしずかなので、よく勉強できる。
　　（　　かな）

③ここでは、わかい人も年を取っている人も一緒に働いている。
　　（　　　い）

特別な読み方をする漢字の言葉 Các từ chữ Hán có cách đọc đặc biệt

漢字の言葉の中には、特別な読み方をするものがあります。

Trong số những từ viết bằng chữ Hán có từ mang cách đọc đặc biệt.

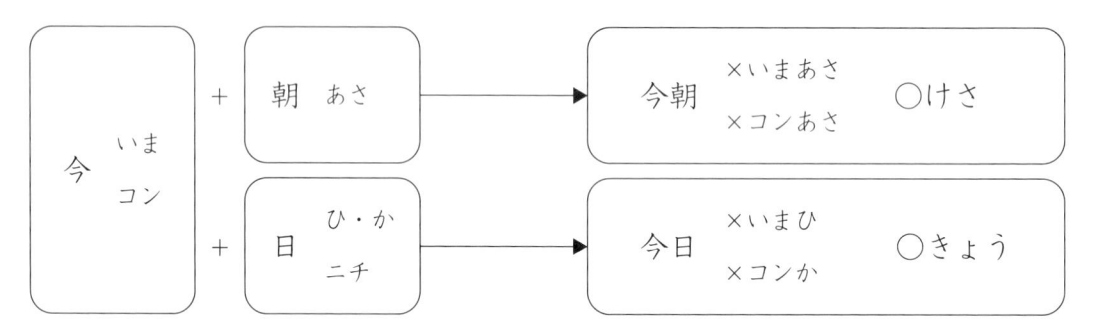

```
         今  いま       + 朝 あさ    →    今朝   ×いまあさ     ○けさ
            コン                             ×コンあさ

                       + 日 ひ・か   →    今日   ×いまひ       ○きょう
                            ニチ              ×コンか
```

例えば、「今」は「いま」「コン」と読みます。「朝」は「あさ」と読みます。しかし、「今＋朝」は「いまあさ」「コンあさ」とは読みません。「けさ」と読みます。同じように、「今＋日」は「いまひ」「コンか」ではなく、「きょう」と読みます。
このような特別な読み方を覚えましょう。

Ví dụ: 今 được đọc là いま, コン. 朝 được đọc là あさ. Nhưng 今＋朝 lại không đọc là いまあさ hay コンあさ. Mà đọc là けさ. Tương tự như vậy, 今＋日 lại không đọc là いまひ hay コンか mà là きょう. Hãy nhớ những cách đọc đặc biệt này!

特別な読み方をする漢字の言葉

No.	言葉	読み方
1	笑顔	えがお
2	昨日	きのう
3	果物	くだもの
4	景色	けしき

5	手伝う	てつだう
6	友達	ともだち
7	二十歳	はたち
8	真っ赤	まっか
9	真っ青	まっさお

笑顔：mỉm cười, vẻ mặt tươi cười

真っ赤（な）：đỏ rực

真っ青（な）：xanh ngắt, xanh thẫm

1 正しいものを選びましょう。
① 果物（a くだもの　b くたもの）の中で、みかんがいちばん好きです。
② 車の窓からの景色（a けいしき　b けしき）を楽しんだ。
③ 昨日（a きのう　b きの）はいい天気だった。
④ 妹は今年、二十歳（a はだち　b はたち）になります。
⑤ 海の色が真っ青（a まっさお　b まあお　c まっあお）だ。

2 ＿＿の部分の読み方を書きましょう。
① 彼女は笑顔がすてきです。
　　（　　　　）
② 真っ赤な太陽が見える。
（　　っ　　な）
③ 友達と遊園地に行った。
（　　　　）
④ ちょっと手伝ってください。
　　（　　　　って）

まとめ問題（1）

1 ＿＿の言葉の読み方として最もよいものを、1・2・3・4から一つ選びましょう。

①大型テレビを買った。
　　　1 おおかた　　　2 おおがた　　　3 だいかた　　　4 だいがた

②あなたの国の文化と日本の文化を比べて、レポートを書きなさい。
　　　1 しらべて　　　2 くらべて　　　3 ひべて　　　　4 ならべて

③入学の手続きをしに大学へ行った。
　　　1 てつずき　　　2 てづつき　　　3 てつづき　　　4 てずづき

④薬が効いて、せきが止まった。
　　　1 こういて　　　2 しいて　　　　3 ついて　　　　4 きいて

⑤ここにある物は全て１００円です。
　　　1 まったて　　　2 ぜんぶて　　　3 ぜんて　　　　4 すべて

2 ＿＿の言葉を漢字で書くとき、最もよいものを、1・2・3・4から一つ選びましょう。

①夕方はお客さんが多いので、いそがしい。
　　　1 忙しい　　　　2 急しい　　　　3 忘しい　　　　4 早しい

②3番のまどぐちでお金を払った。
　　　1 宅口　　　　　2 窓口　　　　　3 室口　　　　　4 室口

③空港に友達をむかえに行きました。
　　　1 抑え　　　　　2 迎え　　　　　3 柳え　　　　　4 仰え

④授業が始まるベルがなったら、教室に入りなさい。
　　　1 吠ったら　　　2 泣ったら　　　3 呼ったら　　　4 鳴ったら

⑤電車で居眠りをして、のりこしてしまった。
　　　1 乗り越して　　2 乗り起して　　3 乗り超して　　4 乗り赴して

3 ＿＿の部分の読み方を書きましょう。

①人間は、自分の欠点にはなかなか a 気付きません。
②お集まりの b 皆さんに c 申し上げます。
③駅前で拾った d 落とし物を警察に e 届けた。
④レポートは f 日付と名前を書いて出してください。

第1部　一つの漢字で言葉になる漢字

⑤見たい テレビの g番組を予約した。
⑥姉はどんなときも h落ち着いている。
⑦旅行かばんの i外側のポケットに、j小型のカメラを入れた。
⑧電気が消えると、部屋の中は k真っ暗になった。
⑨４月なのに、その l若者は m厚いコートを着ていた。
⑩ n昔の o物語からは、いろいろなことが p学べる。

a	きません	b	さん	c	し　げます	d	とし
e	けた	f		g		h	ち　いて
i		j		k	っ	l	
m	い	n		o		p	べる

4 ＿＿＿の部分の漢字には読み方を、平仮名には漢字を書きましょう。

グリーンホテルご案内

　グリーンホテルでは、季節によって様々な楽しみがございます。
　　春… a うまに乗って森を散歩しましょう。
　　夏… b こどもさんと c むし取りができます。夜はきれいな d 星も見られます。
　　秋…料理教室： e 畑の野菜を使って、ケーキやデザートを作りましょう。
　　冬…スキー教室： f ゆきで遊んだり、スキーをしたりしましょう。
　ご家族、ご友人、カップルでどうぞ。
　皆さんのご予約をお待ちしております。
　 g お泊まりの h もうしこみは、０５５－×××－××××まで。
　または、ＨＰからも予約できます。

カップル：cặp đôi

| a | | b | さん | c | | d | |
| e | | f | | g | お　まり | h | し　み |

まとめ問題(1) — 17

第2部 たくさんの言葉を作る漢字

音読みを覚えましょう　Hãy ghi nhớ âm ON

音読みはどんなときに使いますか。
Cách đọc theo âm ON được sử dụng khi nào?

音読みは、普通、漢字二つ（または、二つ以上）でできる言葉に使います。例えば、「水道」「急行」などです。名詞、「する」がついて動詞になる名詞、な形容詞など、非常にたくさんの言葉を音読みで読みます。

Cách đọc theo âm ON thông thường được áp dụng đối với những từ được tạo bởi hai chữ Hán (hoặc từ hai chữ Hán trở lên). Ví dụ: 水道, 急行, v.v... Có rất nhiều từ đọc theo cách đọc âm ON như danh từ, danh từ mà gắn thêm する sẽ biến thành động từ, tính từ đuôi な, v.v...

音読みを覚えると、どんないいことがありますか。
Nếu nhớ được cách đọc theo âm ON thì sẽ có những ích lợi gì?

　音読みを知っていると、いろいろな言葉を読むことができます。例えば、「道（ドウ）」を知っていると、「鉄道」「道路」「歩道」などを読むときに役に立ちます。
　音読みの言葉は、普通、漢字二つ（または二つ以上）でできているので、両方の漢字の音読みを知らなければ読めません。けれども、「道路」を覚えるときに「路（ロ）」を覚えれば、「線路」を読むときに役に立ちます。音読みを知っていると、読める言葉をどんどん増やすことができます。

Nếu biết được cách đọc theo âm ON thì có thể đọc được nhiều từ. Ví dụ: nếu biết 道（ドウ）thì sẽ giúp ích khi đọc các từ như 鉄道, 道路, 歩道, v.v...
Các từ đọc theo âm ON thông thường là những từ được tạo bởi hai chữ Hán (hoặc từ hai chữ Hán trở lên) vì vậy nếu không biết âm ON của cả hai chữ Hán thì sẽ không đọc được từ. Tuy nhiên, khi nhớ từ 道路 mà nhớ 路（ロ）thì sẽ giúp ích khi đọc từ 線路. Nếu biết cách đọc theo âm ON thì có thể tăng nhanh chóng các từ có thể đọc được.

第5回 音　たくさんの言葉を作る漢字：音読み
Chữ Hán tạo được nhiều từ - Cách đọc âm ON

1　＿＿＿の部分の読み方を書きましょう。

① 僕たち、a親友だよ。
（　　　　）

何でも話せるb友人は大切だね。
（　　　　）

② どんなことでもa全力でやる子供に育ってほしい。
（　　　　）
そのために、子供にb体力をつけよう。
（　　　　）

③ 昨日の映画、a感動しました。愛の力はすごいとb感じました。
（　　　　）　　　　　　　　　　（　　　じました）

④ こんなa女性に会えるかな。
（　　　　）

こんなb男性に会えるかな。
（　　　　）

2　正しいものを選びましょう。
①９月１日から次の学期（a がっき　b がくき）が始まる。
②化学の実験（a じっけん　b じつげん　c じけん）をした。
③金は水や空気に強いというせいしつ（a 性質　b 生質　c 姓質）を持つ。
④新聞のきじ（a 語事　b 訂事　c 記事）で、事件を知った。

3　□の中から漢字の部分を選んで、漢字を完成しましょう。読み方も書きましょう。

| 貝　青　言　泉　月 |

① 「黄色い｜糸｜まで下がってください」という注意が聞こえた。
（　　　　）

22　　第2部　たくさんの言葉を作る漢字

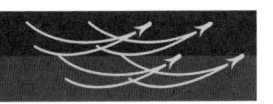

②この会では、毎月５００円の会[費]を集めて、活動に使っている。
（　　　　）

③よく勉強したので、テストには自[信]がある。
（　　　　）

④このプールは、夏休みの[期]間だけ使うことができる。
（　　　　）

⑤遠くにいても、二人の友[情]は変わらない。
（　　　　）

4 □には同じ漢字が入ります。□から、漢字を選んで書きましょう。＿＿の部分の読み方も書きましょう。

| 電　報　両　具 |

例）国の母に a□話をかけた。
　　暗くなったので、b□気をつけた。

①私の a□親は旅行が趣味だ。
　道の b□側にきれいな花が咲いている。

②キャンプに行くので、バーベキューの a道□を買った。
　引っ越したので、新しい b家□が欲しい。

③旅行の a情□をインターネットで調べた。
　友達の結婚式に行けないので、お祝いの b電□を出した。

例	a	電 話 （でんわ）
	b	電 気 （でんき）
①	a	＿＿＿＿親 （　　　）
	b	＿＿＿＿側 （　　　）
②	a	道＿＿＿ （　　　）
	b	家＿＿＿ （　　　）
③	a	情＿＿＿ （　　　）
	b	電＿＿＿ （　　　）

第5回　たくさんの言葉を作る漢字：音読み

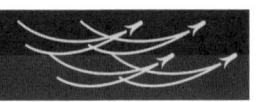

5 ☐の中から漢字を選んで、文を完成しましょう。読み方も書きましょう。

| 各　副　第　的　製 |

① ＿＿＿社長は、若いが優秀な人です。次の社長は彼でしょう。
（　　　　　　）

② ＿＿＿１８回オリンピックは、東京で行われた。
（　　１８　）

③スピーチ大会に出る人を＿＿＿クラスから一人ずつ選んでください。
（　　　クラス）

④仕事の仕方を、具体＿＿＿に教えてください。
（　　　　　に）

⑤このきれいな靴は、イタリア＿＿＿だ。
（イタリア　　　）

Memo

訓読みと音読み　Cách đọc âm KUN và âm ON

どの漢字にも訓読みと音読みがありますか。
Chữ Hán nào cũng có âm KUN và âm ON?

音読みが無くて訓読みだけの漢字（例えば「畑」）もありますが、数は少ないです。訓読みが無くて音読みだけの漢字（例えば「以」「科」など）は、たくさんあります。
　しかし、訓読みと音読みの両方を勉強する漢字がいちばん多いです。

Cũng có chữ Hán chỉ có âm KUN mà không có âm ON (ví dụ như 畑 chẳng hạn) nhưng số lượng ít. Có nhiều chữ Hán chỉ có âm ON mà không có âm KUN (ví dụ như 以, 科 chẳng hạn).
Nhưng, những chữ Hán mà ta sẽ học được cả hai cách đọc theo âm KUN và âm ON vẫn là nhiều nhất.

訓読みと音読みを両方覚えるのは、大変ですね。
Thật là vất vả khi phải nhớ cả hai cách đọc theo âm KUN và theo âm ON đúng không?

26 ── 第2部　たくさんの言葉を作る漢字

確かに大変です。しかし、いいこともあります。訓読みは、その漢字の意味を日本語で表していることが多いです。例えば、「強」は「つよい」、「風」は「かぜ」の意味です。だから、訓読みを使ってできる言葉の意味を知っていると、音読みの言葉の意味を理解するのに役立ちます。

「台風が近づいているので、今日は強風に注意してください」という文があるとき、「強風」は「強い風」の意味だとすぐ分かります。そして、「強」は「勉強」の「キョウ」、「風」は「台風」の「フウ」ですから、読み方も分かります。

一つ一つの漢字の意味を考えながら勉強すると、それらの漢字で作る言葉がイメージできて、覚えやすいですよ。

Quả đúng là vất vả! Nhưng cũng có cái hay của nó! Nhiều trường hợp âm KUN thể hiện nghĩa của chữ Hán đó bằng tiếng Nhật. Ví dụ: 強 là つよい (mạnh), 風 là かぜ (gió). Vì vậy, nếu biết được nghĩa của từ có sử dụng âm KUN thì sẽ có ích trong việc hiểu nghĩa của từ đọc theo âm ON.

Khi thấy câu "台風が近づいているので、今日は強風に注意してください" thì ta có thể hiểu ngay được từ 強風 có nghĩa là "gió mạnh". Hay như, ta cũng hiểu được cách đọc của 強 là キョウ trong từ 勉強, 風 là フウ trong từ 台風.

Nếu vừa học vừa suy ngẫm về nghĩa của từng chữ Hán một thì ta có thể hình dung được và dễ dàng nhớ các từ được tạo bởi các chữ Hán đó.

第6回 音訓 たくさんの言葉を作る漢字：音読みと訓読み

Chữ Hán tạo được nhiều từ - Cách đọc âm ON và âm KUN

1 ＿＿の部分の読み方を書きましょう。

①a最近の出来事で、b最も興味を持ったことは何ですか。
（　　　　）　（　　も）

②私、留学することにa決めたわ。
（　　めた）

そう、b決心は固いんだね。
（　　　　）

③すごくa速いね。b時速何キロだろう。
（　　い）（　　　　）

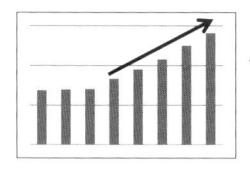

④この町は人口がa増加していて、5年間で3万人
（　　　　）
b増えました。
（　　えました）

2 正しいものを選びましょう。
①先生のお話は、とても面白かった（a たのしかった　b おもしろかった）です。
②お話の内容（a ないよう　b ないよ）は少し難しかったです。
③スピーチ大会に私も参加（a さんが　b さんか）します。
④このことは決して（a けつして　b けっして）忘れない。
⑤何度も話し合って、けつろん（a 決輪　b 結論　c 結倫）を出した。
⑥ゆうべは、おなかが痛くてぜんぜん（a 然々　b 然全　c 全然）眠れなかった。

28 ── 第2部　たくさんの言葉を作る漢字

3 ___の部分の読み方を書きましょう。

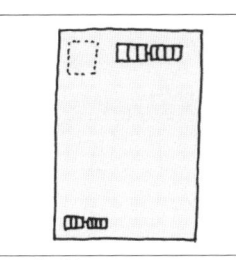

①葉書の a 表（　　　）　人口の b 表（　　　）　②箱の a 内側（　　　）　b 案内の人（　　　）

③塩を少し a 加える。（　　える）　注文を b 追加する。（　　　　）

4 □の中から漢字の部分を選んで、漢字を完成しましょう。読み方も書きましょう。

　　　　　　皿　え　ヨ　吉

①ご飯をレンジで[氵]める。（　　める）

②宝くじが[业]たることは、めったにないよ。（　　たる）

③2番の選手がどんどんスピードを上げて、1番の選手に[自]いついた。（　　いついた）

④靴のひもを固く[糸]んだ。（　　んだ）

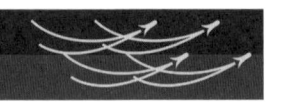

5 □には同じ漢字が入ります。▭から、漢字を選んで書きましょう。＿＿の部分の読み方も書きましょう。

▭ 結　当　温

①エアコンをつけたのに部屋の a□度が上がらない。
　b体□計で熱を計ったら、38度だった。

②水曜は、私が掃除をする a□番になっている。
　悪いことをしたら、謝るのは b□然のことだ。

③すごく頑張ったから、テストの a□果が楽しみだ。
　両親は b□婚して25年になる。

①	a ＿＿＿＿度（　　　　）
	b 体＿＿＿計（　　　　）
②	a ＿＿＿＿番（　　　　）
	b ＿＿＿＿然（　　　　）
③	a ＿＿＿＿果（　　　　）
	b ＿＿＿＿婚（　　　　）

6 ＿＿の部分の漢字には読み方を、平仮名には漢字を書きましょう。
①明日は9時にこちらへ参ります。
　　　　　　　　（　　　ります）
②東京方面にいらっしゃる方は、次の駅でお乗り換えください。
　　（　　　　）
③今日の aさいこうきおんは36度でした。bほんとうに暑い一日でしたね。
　　　（　　　　　　　）　　　　　（　　　　　　）
④1週間いないに、報告してください。
　　　（　　　　　）

まとめ問題（2）

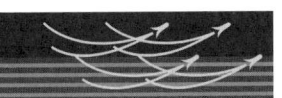

1 ＿＿の言葉の読み方として最もよいものを、1・2・3・4から一つ選びましょう。

①来週までに学費を払わなければならない。
　　1 がくひ　　　2 がくび　　　3 がっひ　　　4 がっぴ

②体の具合が悪いので、早く帰ってもいいですか。
　　1 ぐうあい　　2 ぐあい　　　3 ぐやい　　　4 ぐあう

③大学に行くために、情報を集める。
　　1 じょほう　　2 じょうほお　3 じょうほう　4 じょおほう

④留学しようと決心した。
　　1 けじん　　　2 けつしん　　3 けっしん　　4 けしん

⑤寒かったので、温かいスープを飲んだ。
　　1 ああたかい　2 あたかい　　3 あただかい　4 あたたかい

2 ＿＿の言葉を漢字で書くとき、最もよいものを、1・2・3・4から一つ選びましょう。

①デパートのしょうめんの入り口で待っています。
　　1 正面　　　　2 止面　　　　3 上面　　　　4 前面

②この物質は水に溶けにくいせいしつを持っている。
　　1 姓質　　　　2 生質　　　　3 性質　　　　4 牲質

③事故は、１００キロ以上のそくどで車を運転していたために起きた。
　　1 速度　　　　2 測度　　　　3 早度　　　　4 足度

④明日の授業で、作文をはっぴょうする。
　　1 発長　　　　2 発姜　　　　3 発麦　　　　4 発表

⑤歩いている友達を自転車でおいこした。
　　1 迫い越した　2 近い越した　3 追い越した　4 迎い越した

3 ＿＿の言葉を漢字で書くとき、＝＝の漢字が他と違うものを1・2・3・4の中から一つ選びましょう。

例) 1 道のりょうがわに土産物屋が並んでいる。
　　2 彼女はりょうしんと一緒に住んでいる。
　　3 転んでりょうほうの足をけがした。
　　④ スーパーでしょくりょう品を買った。

①1 図書館で雑誌のきじを探した。
　2 彼はスポーツ新聞のきしゃだ。
　3 この割引券は決められたきかんにしか使えない。
　4 申し込み用紙に住所と名前をきにゅうしてください。

②1 彼はしんようできる人だ。
　2 結果がしんぱいで眠れなかった。
　3 彼女は彼の言葉をしんじた。
　4 しんごうが赤に変わった。

③1 毎朝、やさいのジュースを飲む。
　2 研究室をさいごに出たのは彼だ。
　3 観光客の数は過去さいこうになった。
　4 彼女はさいきん疲れているようだ。

④1 風邪を引いて、ないかの病院に行った。
　2 結婚しない人がぞうかしている。
　3 料理の注文をついかした。
　4 公園を掃除するボランティアにさんかした。

4 ＿＿の部分の漢字には読み方を、平仮名には漢字を書きましょう。

> オリンピック会場からリポートします。
> もうすぐ世界a さいだいのスポーツのお祭り、オリンピックが始まります。各国のb代表選手が集まってきました。選手の皆さんには c全力で戦って、よい d結果を出してほしいです。きっとたくさんの eかんどうてきな試合が見られるでしょう。f本当に楽しみです！

a	b	c	d
e　　　　　な	f		

第3部 場面の言葉を作る漢字

第7回 政治・経済・社会 (1) Chính trị, kinh tế, xã hội (1)

1 ___の部分の読み方を書きましょう。

```
夕日コーヒー株式会社

    営業部
    山本　道子

        Tel: 03-×××××××
        E-mail: myamamoto@xxx.ne.jp
```

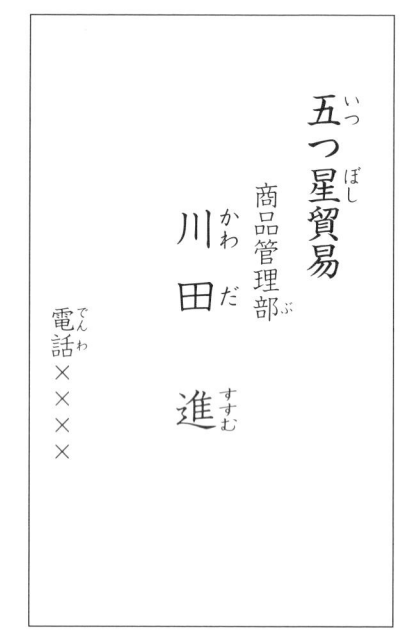

```
五つ星貿易
商品管理部
　川田　進
電話 ××××
```

山本：初めまして。夕日コーヒーの山本と申します。
川田：五つ星a貿易の川田です。山本さんはb営業部にいらっしゃるんですね。
山本：はい。c広告やCMを作っています。川田さんのd商品管理というお仕事は？
川田：主に、e輸入した製品に問題がないか調べる仕事です。問題がある場合は、f技術の指導なども行っています。
山本：面白そうですね。

| a | b　　　　　　ぶ | c | d |
| e | f | | |

2 正しいものを選びましょう。

① 原料（a げんりょう　b げんりょ　c けんりょう）が値上がりしたので、製品の値段が上がった。
② 新しいきかい（a 機戒　b 機誡　c 機械）が入ってから、生産が伸びた。
③ 父は、コンピューター関係の会社のかちょう（a 課長　b 科長　c 菓長）だ。
④ ろうどう（a 労動　b 労働　c 労働）条件がいい会社で働きたい。
⑤ 人は誰でも、しょくぎょう（a 聴業　b 織業　c 職業）を選ぶ権利がある。

36 ── 第3部　場面の言葉を作る漢字

3 ＿＿の部分の漢字には読み方を、平仮名には漢字を書きましょう。

①人口が減って、駅の前の商店も閉めるところが増えた。
　　　　　　　　（　　　　　）

②機会があれば、海外で働いてみたい。
（　　　　　）

③母はしゅじゅつが成功して、おかげさまで元気になりました。
　　　（　　　　　　）

④港には、ゆしゅつされる車が並んでいる。
　　　　　（　　　　　）

4 説明に合うように、□の中の漢字を使って、表を完成しましょう。読み方も書きましょう。

　　　　　　　　　　教　農　建　造　商

産業の種類	働いている人数
例）**教**育・学習関係 （　きょういく　）	299万人
①＿＿＿＿業 （　　　　　）	1057万人
②製＿＿＿業 （　　　　　）	1039万人
③＿＿＿設業 （　　　　　）	499万人
④＿＿＿業・林業 （　　　　　）	217万人
情報・通信業	192万人

学校などで働く人は、300万人よりも少し少ない。

2番目に多いのが、工場で物を作る仕事をしている人だ。

いちばん多いのは、スーパーや店などで働く人だ。

②の約半分の人が、ビルや橋、道路などを造る仕事をしている。

米や野菜などを作っている人は、情報・通信の仕事をしている人よりも多い。

総務省「労働力調査」

(http://www.stat.go.jp/data/roudou/longtime/03roudou.htm)

（第12回改定日本標準産業分類別就業者数　平成25年平均結果）

第7回　政治・経済・社会(1) ── 37

第8回 政治・経済・社会（2） Chính trị, kinh tế, xã hội (2)

1 ＿＿の部分の読み方を書きましょう。

3Acom速報（そくほう）サイト

| 社会 | 政治 | 経済 | a国際 | 文化 |

▶ b政府、5年で10%の経済c成長を目指す計画。
　同時にd公務員を5％減らすと発表。

▶ 子供のe権利を守ろう。
　大阪でボランティアf団体がg会議。

▶ ………

日本語のテキストは
スリーエー
『新完全マスター漢字
N3 レベル』 発売中

〜ＰＲ〜

| a | b | c | d |
| e | f | g | |

2 正しいものを選びましょう。

① たくさんの国の大学生が広島に集まって、平和（a へわ　b へいわ　c へいは）について話し合った。

② 総理大臣（a そうりだいしん　b そりたいじん　c そうりだいじん）は、S国を訪問するために出発した。

③ 子供の数が減っているのは、多くの国に共通（a きょうつう　b きょつう　c こうつう）の問題だ。

④ a役所（a やくしょ　b やくじょ）から、bぜいきん（a 租金　b 鋭金　c 税金）の知らせが来た。

⑤ 防災のきほんてき（a 基本的　b 碁本的）な考え方を見直す必要がある。

第3部　場面の言葉を作る漢字

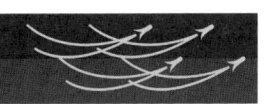

3 □には同じ漢字が入ります。▢から、漢字を選んで書きましょう。＿＿の部分の読み方も書きましょう。

▢ 力　完　制　件

①外で遊ばなくなったために、子供たちの a 体□が落ちている。
A国はB国に対して、経済的な b 協□を約束した。

②会社に労働 a 条□を守るように、要求した。
公園で人が殺されるという b 事□があったそうだ。

③新しい病院の a □成を、みんなが待っている。
犯罪を b □全に無くすことは、非常に難しい。

④この道路は、スピードが60キロに a □限されている。
老人が増えたため、健康保険の b □度を変える必要がある。

①	a 体＿＿＿（　　　）
	b 協＿＿＿（　　　）
②	a 条＿＿＿（　　　）
	b 事＿＿＿（　　　）
③	a ＿＿＿成（　　　）
	b ＿＿＿全（　　　）
④	a ＿＿＿限（　　　）
	b ＿＿＿度（　　　）

4 ＿＿の部分の漢字には読み方を、平仮名には漢字を書きましょう。

みどり町では、去年の洪水でたくさんの家が流されました。町は、家を無くした人のために a 団地の建設を進めてきました。そして今日、15家族が完成した団地に引っ越して、新しい生活を始めました。団地の中央にある管理 b じむしょには、c かいぎしつのほか、d 和室も作られています。
引っ越してきた大川さんは、「和室は、みんなでおしゃべりしたり、趣味に使ったりできるので、きっと e やくにたつと思う」と話していました。

| a | b | c | d |
| e に　　つ | | | |

第9回 音訓 政治・経済・社会（3） Chính trị, kinh tế, xã hội (3)

1 ＿＿の部分の読み方を書きましょう。

3Aデジタルニュース

| 政治 | 経済 | 社会 | 文化 | スポーツ |

▶ 田中真一ₐ選手、オリンピック代表に決まる！
　昨日の全国水泳大会で、田中選手がᵦ優勝して、代表に決まった。
　田中選手は꜀現在13歳で、久しぶりに大型の選手が_d現れたと話題になっている。

――― 田中選手のインタビュー ―――

記者：優勝、おめでとうございます。
田中：ありがとうございます。ₑ勝つことができて、本当にうれしいです。オリンピック選手にも f選ばれて、夢のようです。
記者：今回山田選手は、けがが g治っていなかったために、出場しませんでしたが…。
田中：はい、山田選手と h戦っていたら、優勝できたかどうか分かりません。

---

a	b	c	d　　　れた
e　　　つ	f　　　ばれて	g　　　って	h　　　って

2 正しいものを選びましょう。
① 物の価値（a かち　b かね）は、その値段だけでは決まらない。
② 天ぷらを作るから、油（a ゆ　b おぶら　c あぶら）を買ってきて。
③ 二つの国は、100年前まで戦争（a せんそう　b せんそ　c せんぞお）をしていた。
④ 毎朝、経済（a けいせい　b けいずい　c けいざい）のニュースを読んでいる。
⑤ 男は1億円のげんきん（a 現金　b 理金　c 児金）を持って逃げた。
⑥ この仕事がすんだら（a 住んだら　b 済んだら　c 斎んだら）、少し休みましょう。

第3部　場面の言葉を作る漢字

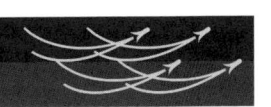

3 □には同じ漢字が入ります。□から、漢字を選んで書きましょう。＿＿の部分の読み方も書きましょう。

| 経 治 石 |

① 前の会社の a□験が今の仕事に役立っている。
父は化粧品の会社を b□営している。

② これは、a□のように硬いですが、実は、b□油から作られた製品です。

③ 彼は、貧乏な人を無くしたいと思って、a政□家になった。
がんは、昔は b□らない病気だと考えられていた。

	a ＿＿＿＿験 （　　　）
①	b ＿＿＿＿営 （　　　）
	a ＿＿＿＿ （　　　）
②	b ＿＿＿＿油 （　　　）
	a 政＿＿家 （　　　）
③	b ＿＿＿らない （　　らない）

4 ＿＿の部分の読み方を書きましょう。

今晩は。7時のニュースです。
この半年間 a値上がりが続いていた b段ボール、トイレットペーパーなどが少し下がり始めて、c物価は少し落ち着いてきました。
次のニュースです。d女優の山川さゆりさんが、今日、病院で亡くなりました。95歳でした。ファンは、「山川さんの e優しい笑顔が、忘れられません。」と話していました……。

| a ＿＿＿がり | b ＿＿＿ボール | c ＿＿＿ | d ＿＿＿ |
| e ＿＿＿しい | | | |

まとめ問題（3）

1 ＿＿＿の言葉の読み方として最もよいものを、1・2・3・4から一つ選びましょう。

①税金を払う期限は、3月15日です。
　　1 きけん　　　2 きげん　　　3 きがん　　　4 きかん

②働きやすい職場にしてもらいたい。
　　1 しょくじょう　2 しょくば　　3 しきば　　　4 しきじょう

③この高校の制服は、とてもすてきだと思う。
　　1 せぶく　　　2 せふく　　　3 せいぶく　　4 せいふく

④社会に出てから役立つことを学びたい。
　　1 やくだつ　　2 やくたつ　　3 やっくだつ　4 やっくたつ

⑤歌手が現れると、みんな立ち上がって拍手した。
　　1 あだわれる　2 あらわれる　3 あなわれる　4 あばわれる

2 ＿＿＿の言葉を漢字で書くとき、最もよいものを、1・2・3・4から一つ選びましょう。

①会議のほうこくを早く出してください。
　　1 報告　　　　2 方吉　　　　3 公告　　　　4 放告

②この町は、こうえんが多くて住みやすい。
　　1 玄園　　　　2 公園　　　　3 広遠　　　　4 校園

③あなたの国と日本では、どちらがぶっかが高いですか。
　　1 物個　　　　2 物値　　　　3 吻価　　　　4 物価

④フライパンにあぶらを入れて、肉を焼きます。
　　1 汨　　　　　2 由　　　　　3 油　　　　　4 柚

⑤早く病気をなおしてくださいね。
　　1 正して　　　2 直して　　　3 治して　　　4 怡して

3 ___の部分の読み方を書きましょう。

①自分たちの考えを、社会にa広く知ってもらうために、新聞に意見b広告を出した。
②c働いている人たちのd労働条件について、皆で話し合った。
③マンションのe建設が計画されて、準備のための事務所がf建てられた。

a	く	b		c	いて	d	
e		f	てられた				

4 ☐から漢字を選んで、文を完成しましょう。読み方も書きましょう。

　　　　試　協　制　輸　団　成

例）高校の入学 **試** 験に合格したので、祖母がお祝いを送ってくれた。
　　　（にゅうがくしけん）

①事故の原因は、運転手が＿＿＿限速度を守らなかったことだ。
　　　　　　　　（　　　　　　）

②消費が伸びているので、政府は今年の経済＿＿＿長を5%と予想している。
　　　　　　　　　　　　　（　　　　　　）

③どうしたら戦争が無くせるかを話し合うために、世界中から平和＿＿＿体が集まった。
　　　　　　　　　　　　　　　　　　　　　　　　　　（　　　　　　）

④このスーパーでは、国内で生産された物と並んで、＿＿＿入食品も売られている。
　　　　　　　　　　　　　　　　（　　　　　　）

⑤地球の環境を守るためには、国際＿＿＿力が必要だ。
　　　　　　　　（　　　　　　）

まとめ問題(3) — 43

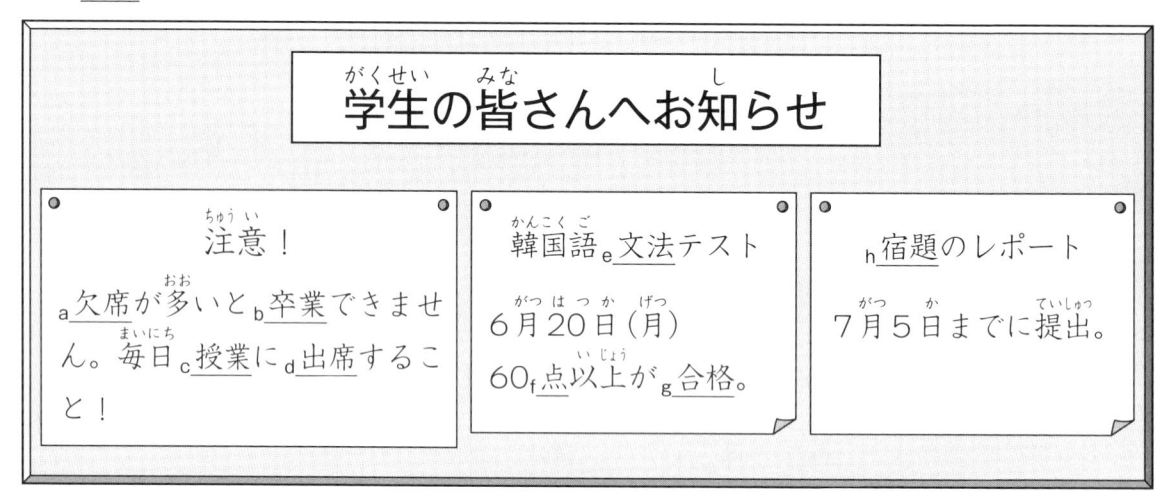

第10回 教育・文化・生活 (1) Giáo dục, văn hóa, cuộc sống (1)

1 ___の部分の読み方を書きましょう。

学生の皆さんへお知らせ

注意！
a欠席が多いとb卒業できません。毎日c授業にd出席すること！

韓国語e文法テスト
6月20日（月）
60f点以上がg合格。

h宿題のレポート
7月5日までに提出。

a	b	c	d
e	f	g	h

2 正しいものを選びましょう。
① 今月の雑誌（a ざし　b ざっし　c ざっし）の教育問題の記事は、面白かった。
② いろいろな方法（a ほうほ　b ほうほう　c ほうぼう）で、実験をやってみた。
③ 絵も音楽もげいじゅつ（a 芝術　b 芋術　c 芸術）の一つだ。
④ どんな人にもけってん（a 欠点　b 失点　c 悪点）はあります。

3 ___の部分の読み方を書きましょう。
① 読めない漢字を辞書で調べた。
　　　　（　　　　）
② 答えは解答用紙に書いてください。
　　（　　　　）
③ 昨日のテストは簡単だった。
　　　　　　　　（　　　　）
④ 妹は高等学校の3年生です。
　　（　　　　）

4 □には同じ漢字が入ります。□から、漢字を選んで書きましょう。＿＿の部分の読み方も書きましょう。

　　　　　立　格　解

①医師の a資□ をとるために、大学で勉強している。
　田中さんは、まじめで明るい b性□ の人です。

①	a 資＿＿＿＿（　　　　）
	b 性＿＿＿＿（　　　　）

② a私□大学に通っているので、お金がかかる。
　b公□の高校に行きたいが、試験が難しいらしい。

②	a 私＿＿＿＿（　　　　）
	b 公＿＿＿＿（　　　　）

③外国語の勉強には、その国の文化を a理□ することが必要だ。
　政府は、教育問題を b□決 するために委員会を作った。

③	a 理＿＿＿＿（　　　　）
	b ＿＿＿＿決（　　　　）

5 □から漢字を選んで書きましょう。読み方も書きましょう。

　　　　　短　格　資　説

留学生の進学情報　目次

1 観光の勉強ができる a＿＿＿＿期大学 ……… 25
　　　　　　　（　　　　　）

2 b合＿＿＿＿までの道（5）……… 35
　（　　　　）　みどり大学1年キム　ヒョンジン

3 6月の模擬テストの c解＿＿＿＿ ……… 38
　　　　　　　（　　　　）

4 高木先生の勉強アドバイス ……… 45

5 専門学校案内 ……… 47
　d＿＿＿＿料が欲しい方は、インターネット
　（　　　　）　　　または電話で。

6 入学試験までの健康管理 ……… 50

観光の勉強がしたいんだけど、大学の4年は長いから、このページを見てみよう。

入学試験まであと半年か。何を勉強したらいいか、これを読めば分かるかな。

6月のテストは、難しくて分からない問題が多かった。読んで勉強しよう。

僕は、専門学校でアニメが勉強したいんだ。早速電話で頼んでみよう。

模擬テスト：bài thi thử

第11回 教育・文化・生活（2） Giáo dục, văn hóa, cuộc sống (2)

1 ＿＿の部分の読み方を書きましょう。

ひがし病院

- 健康 a保険がない方は相談してください。
- bお支払いはカードでもできます。
- 検査の方は３番窓口へ。
- c退院の手続きの方は５番窓口です。

← d薬局　　　e非常口 →

a	b お　　　い	c	d
e			

2 正しいものを選びましょう。
① 頭が痛かったので、学校を早退（a はやたい　b そくたい　c そうたい）した。
② 父のざいさん（a 財産　b 材産）を兄弟で分けた。
③ aしゅうにゅう（a 収入　b 収入）がいくらか、bけいさん（a 計算　b 計算）した。
④ 日曜日は、おたく（a お宅　b お家　c お宇）にいらっしゃいますか。

3 □の中から漢字を選んで、文を完成しましょう。読み方も書きましょう。

　　　予　　球　　支　　給

① 月は、地＿＿＿の周りを約30日で回っている。
　　（　　　）
② 先月は引っ越しにお金を使ったので、いつもより＿＿＿出が多かった。
　　　　　　　　　　　　　　　　　（　　　　）
③ 今日の学校の＿＿＿食は、私が大好きなメニューだった。
　　（　　　　）
④ 海外旅行にどのくらいお金がかかるか調べて、＿＿＿算を立てた。
　　　　　　　　　　　　　　　　（　　　　）

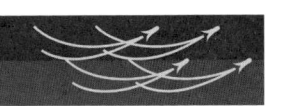

4 ___の部分の漢字には読み方を、平仮名には漢字を書きましょう。

♪ マナの部屋 ♬
Mana's official blog

201X-7-25 20:15:03
　お久しぶり。実は、先週、引っ越しをしまして…。忙しくて、アップできませんでした。
　初めての一人のa<u>せいかつ</u>で、やっていけるかなあ。
　部屋は、マンションのb<u>2かい</u>です。昨日、ドラマの撮影が終わったので、午前中は部屋の掃除をして、友達がくれたc<u>え</u>を飾ったり、カーテンを替えたりしました。
　午後は市役所へd<u>書類</u>を出しに行きました。誰もマナだと気が付かなかったみたい。そのあと、ちょっとお店に寄って、新しいe<u>食器</u>を買って…。そうそう、シャワーがちょっとおかしいので、f<u>修理</u>を頼まなくちゃ。何でも一人でやらなくちゃいけないんだよね。
　しばらく休んでいた音楽g<u>かつどう</u>もまた始めるつもりです。
　楽しみにしていてくださいね。

アップする：tải lên mạng, cập nhật (blog)

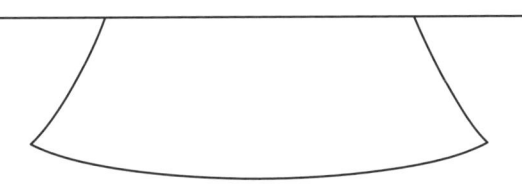

| a | b 2 | c | d |
| e | f | g | |

第12回 教育・文化・生活 (3) Giáo dục, văn hóa, cuộc sống (3)

1 ___の部分の読み方を書きましょう。

パーティーの計画、できた？

うん、これでどうかな。

♡ ともや君とさつきさんの結婚パーティー ♡

(a式が終わったら、すぐにb準備を開始します)

15時　：開会の挨拶　　c司会(古田)
　　　　二人のd紹介　　e出身高校の友人代表(山中、森)
　　　　お祝いの言葉　　職場の友人代表(花山、星川)
　〜　　楽器演奏や歌など　　(木村、田中)
　　　　思い出の写真をスライドで　(大木)
17時　：f記念写真
17時30分：終わりの挨拶

スライド：trang slide

| a | b | c | d |
| e | f | | |

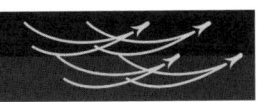

2 正しいものを選びましょう。
①今は、かなり多くの主婦(a しゅうふ　b しゅふ　c しぇふ)が仕事を持っている。
②みらい(a 未来　b 未来　c 朱来)は自分の力で変えられる。
③来月、A国のこくおう(a 国帝　b 国玉　c 国王)が来日する。
④外国語を学ぶろうじん(a 老人　b 考人　c 孝人)が増えているという。
⑤息子は病院でいし(a 医氏　b 医師　c 医追)として働いている。

3 □には同じ漢字が入ります。□□から、漢字を選んで書きましょう。＿＿の部分の読み方も書きましょう。

| 達　原　失　身 |

①手紙が早く着くように、a速□で出した。
　子供の言葉は、1歳から3歳ごろまでに急にb発□する。

②私は北海道のa出□ですが、寒さに弱いです。
　彼はb□長が180cmで、足も長い。

③1回ぐらいa□敗しても、よく反省して次に頑張ればいい。
　b□業する人が増えて、社会問題になっている。

④事故のa□因を調査した。
　石油はプラスチック製品のb□料になる。

①	a	速＿＿＿（　　）
	b	発＿＿＿（　　）
②	a	出＿＿＿（　　）
	b	＿＿＿長（　　）
③	a	＿＿＿敗（　　）
	b	＿＿＿業（　　）
④	a	＿＿＿因（　　）
	b	＿＿＿料（　　）

4 ＿＿の部分の漢字には読み方を、平仮名には漢字を書きましょう。

さつき：いい知らせ(*^_^*)　午前中、a 産婦人科に行ってきた。
そしたら、赤ちゃんができたって (^◇^)

ともや：え！　ホント！？　やったー(^O^)／
でも、どうして言ってくれなかったの？　b 普通、言うだろ？
どこの病院に行ったの？

さつき：ごめんね。驚かせようと思って。
病院は、かなちゃんが c しょうかい してくれたところ。

ともや：そうか。僕からも彼女に d おれい を言わなくちゃ。
そうだ、僕たちの e 未来の家族のために、今日はお祝いしよう！
君が仕事が続けられるように、協力するよ。

さつき：ありがとう♡　f やくそく ね。

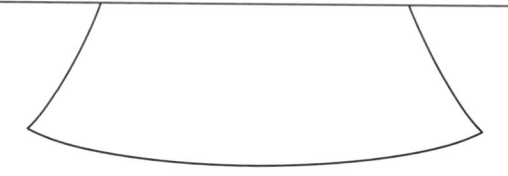

a	b	c	d お
e	f		

第13回 教育・文化・生活（4） Giáo dục, văn hóa, cuộc sống (4)

1 ＿＿の部分の読み方を書きましょう。

夏の講座のお知らせ

市中央センター

文化講座
8月3日　地域の a歴史と b文化を考える

料理教室
8月5日　食品の c保存の方法

夏休み子供実験教室
8月1日　ペットボトルで d化学の実験！　身近な e疑問を調べよう

子供作文教室
8月10日　f読書の g感想を書こう

a	b	c	d
e	f	g	

2 正しいものを選びましょう。
① 試合は5対（a つい　b たい　c と）3で勝った。
② 田中先生をご存じ（a ごそんじ　b ごぞんじ　c ごそうじ）ですか。
③ 子供の成長には、あいじょう（a 愛情　b 愛清　c 愛晴）が必要です。
④ そのよそう（a 予箱　b 予想　c 予霜）は全く外れてしまった。
⑤ 彼女にはピアノのさいのう（a 才能　b 丈能　c 寸能）がある。

3 ☐の中から漢字を選んで、文を完成しましょう。読み方も書きましょう。

検　不　満　可　反

① 今の生活に＿＿＿足しています。
　　　（　　　　）

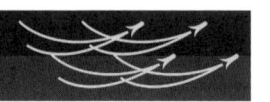

②目が疲れて本が読めないので、病院で＿＿＿査してもらった。
（　　　　　）

③私たちは、練習が足りなかったことを＿＿＿省した。
（　　　　　）

④忙しくて、睡眠時間が＿＿＿足している。
（　　　　　）

⑤買ってから１週間以内なら、お取り替えが＿＿＿能です。
（　　　　　）

4 ＿＿の部分の読み方を書きましょう。

「結婚と家庭」についてのアンケートにご協力ください。

性別：男・女
年齢：a 20〜29才・30〜39才・40才以上

①「b愛があれば、お金はなくてもいい」という意見に賛成ですか。
　　はい・いいえ・分からない

②結婚相手のc学歴について、どう思いますか。
　　自分と同じぐらいの人がいい・自分と全然違っていてもいい・分からない

③親がd反対したら、好きな人でも別れますか。
　　別れない・別れる・親が賛成してくれるまで待つ・分からない

④子供の教育は、父親と母親のどちらのe責任のほうが大きいと思いますか。
　　両方同じだ・母親のほうが大きい・父親のほうが大きい・分からない

⑤あなたのf理想の家庭は、どんな家庭ですか。自由に書いてください。

a 20〜29	b	c	d
e	f		

第14回 音訓　教育・文化・生活 (5)　Giáo dục, văn hóa, cuộc sống (5)

1 ＿＿の部分の読み方を書きましょう。

みほちゃん、結婚してから、そろそろ1年？

うん、来月でね。でも、まだ a 夫婦 という感じがしないわ。b 夫 じゃなくて恋人って感じかな。

毎日仕事と家事で大変でしょ？

まあね。でも、c 勤めている会社が近いから、朝はゆっくり d 出勤 できるし、彼もよくやってくれるから。

それはいいね！

今度の e 連休 は、両方の両親を f 連れて温泉に行くの。久しぶりの家族旅行だから、とっても楽しみ！

a	b	c　　　めて	d
e	f　　　れて		

2 正しいものを選びましょう。

①この a香水（a こうずい　b こうすい）の b香り（a かおり　b におり）が好きです。
②来週の忘年会（a ぼねんかい　b ぼうねんかい）には出席されますか。
③出血（a しゅうけつ　b しゅっけつ　c しゅげつ）がひどいので、救急車を呼んだ。

3 □には同じ漢字が入ります。▭から、漢字を選んで書きましょう。＿＿の部分の読み方も書きましょう。

夢　庭　幸　君

①父は、仕事も a家□も大切にする人だった。
　今度引っ越した家は、b□があるので、いろいろな花を育てたい。

② a　家
　　（　　　　）
　 b
　　（　　　　）

②会議で、社長から、「a田中□、b□はどう思う？」と意見を聞かれた。

② a　田中
　　（たなか）
　 b
　　（　　　　）

③息子は新しいゲームに a□中になっている。
　自分の会社を作ることは、子供の頃からの b□だった。

③ a　　　　中
　　（　　　　）
　 b
　　（　　　　）

④好きな人と結婚できて a□せだ。
　みんなが b□福に生活できる社会に、早くなってほしい。

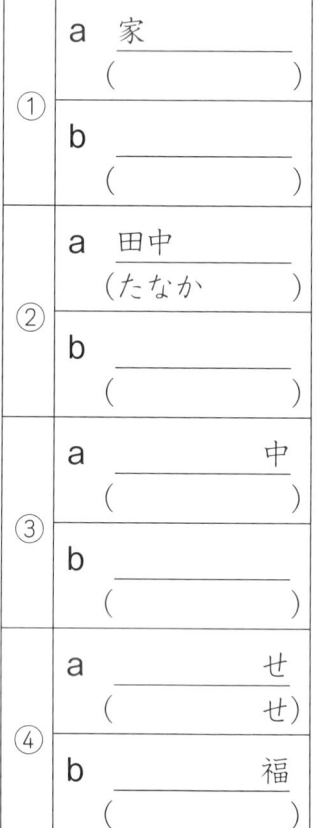

④ a　　　　せ
　　（　　　せ）
　 b　　　　福
　　（　　　　）

4 ▭の中から漢字の部分を選んで、漢字を完成しましょう。読み方も書きましょう。

妾　え　心　关

①今度の選挙の結果に、国民は強い 門心を持っている。
　　　　　　　　　　（　　　　　）

②次の面[接]に合格すれば、就職が決まる。
　（　　　　）

③行き方が分からなかったので、木村さんに[連]れていってもらった。
　　　　　　　　　　　　　（　　　　れて）

④結婚記念日を[忘]れて、妻に怒られてしまった。
　　　　　（　　　　れて）

5　___の部分の漢字には読み方を、平仮名には漢字を書きましょう。

①ₐ他に質問がある場合は、♭係の者にお聞きください。
（　　　）　　　　　　（　　　）

②ₐ他人から注意される前に、自分でやり方を♭見直したほうがいい。
（　　　）　　　　　　　　　　　　（　　　　　した）

③ₐ歯が痛くて、♭ちも出ていたので、朝すぐに近所の꜀歯科に行った。
（　　）（　　）　　　　　　　　　（　　　　）

④ここから富士山まで、直線の距離で約２００キロだ。
　　　　　　　　　（　　　　　）

6　___の部分の読み方を書きましょう。

アメリカでₐ通勤時間と♭幸福だと感じる程度の꜀関係について、調査が行われた。それによると、通勤時間が長い人ほど幸福だと感じられなくなり、特に90分以上かかる人は、悩むことが多くなるそうだ。通勤時間が長いと、d家庭でのe夫婦の会話も少なくなるだろう。また、一日の行動の中でも、朝の通勤をf幸せだと感じる人はほとんどいなかったという。
　近い職場にg勤めることは、通勤時間が長い人にとってはh夢かもしれない。

a	b	c	d
e	f　　　せ	g　　　める	h

まとめ問題（4）

1　＿＿＿の言葉の読み方として最もよいものを、1・2・3・4から一つ選びましょう。

①国立の大学に入りたい。
　　　1　こくたち　　　2　こくりつ　　　3　くにりつ　　　4　くにたつ

②夫は毎日電車で通勤している。
　　　1　とおぎん　　　2　つうぎん　　　3　とおきん　　　4　つうきん

③会っても挨拶もしない。彼は本当に失礼な人だ。
　　　1　しっれん　　　2　しっれい　　　3　しつれえ　　　4　しつれい

④この電車は、いつも満員だ。
　　　1　まいん　　　　2　まんいん　　　3　まんにん　　　4　まんい

⑤今まで不幸な人生だったが、今はとても幸せだ。
　　　1　ふっこう　　　2　ふうこ　　　　3　ふうごう　　　4　ふこう

2　＿＿＿の言葉を漢字で書くとき、最もよいものを、1・2・3・4から一つ選びましょう。

①電車でお年寄りにせきを譲った。
　　　1　席　　　　　　2　度　　　　　　3　店　　　　　　4　庶

②この会社は休みも多いし、きゅうりょうも高い。
　　　1　紛料　　　　　2　給料　　　　　3　給科　　　　　4　紹科

③天気よほうによると、明日は晴れるそうだ。
　　　1　矛報　　　　　2　予報　　　　　3　予服　　　　　4　矛服

④そのほかに質問はありませんか。
　　　1　弛　　　　　　2　地　　　　　　3　池　　　　　　4　他

⑤新しく会社に入った社員は、全員けんしゅうを受けなければならない。
　　　1　検修　　　　　2　研條　　　　　3　研修　　　　　4　検條

56　　第3部　場面の言葉を作る漢字

3 ＿＿の部分の読み方を書きましょう。
　①間違えた漢字を先生に a直してもらった。
　　この書類は、b直接窓口まで持ってきてください。
　② c失業した人の数は、今年のほうが去年より少なくなっている。
　　過去の d失敗から学ぶことが大切だ。
　③私は e文法と漢字が苦手だ。
　　もっと簡単にできる f方法を考えた。
　④この地域では医師が g不足している。
　　彼は今の生活に h満足している。
　⑤子供のとき、i計算が嫌いで、特に j引き算が苦手だった。

a　　　して	b	c	d
e	f	g	h
i	j　　　き		

4 ＿＿の部分の漢字には読み方を、平仮名には漢字を書きましょう。
　①彼の a短所は、よく b忘れ物をするところだ。
　②この問題の解決は、c非常に難しい。
　③妹は嫌がっていたが、d結局 eはいしゃに行った。
　④ f階段の gでんきゅうが切れてしまって、とても暗い。
　⑤この学校には、hやく50人の i教師がいる。
　⑥子供たちは、j絵の具で絵を描いたり、kがっきを弾いたりしていた。
　⑦ lてんせんのとおりに紙を切ってください。

a	b　　　れ	c　　　に	d
e	f	g	h
i	j　　　の	k	l

第15回 交通・旅行 (1) Giao thông, du lịch (1)

1 ＿＿の部分の読み方を書きましょう。

> お知らせ
>
> ただいま、南山線は、a線路で起きたb事故のため、動いておりません。c地下鉄を利用されるdお客様には、e中央の改札口でf証明書を差し上げております。
>
> 　　　　　　　　　　　　　　　　　　　　　北山g鉄道

a	b	c	d お　　さま
e	f	g	

2 正しいものを選びましょう。
① 子供の頃、遠足（a とおあし　b えんそく　c えんあし）が楽しみだった。
② 航空機（a こくうき　b こうくうき　c こうくき）の写真を壁に張った。
③ 大型バスで市内を観光（a かんこう　b かんごう　c かんこ）した。
④ 道路（a どうろ　b とうろ　c とうろう）を横断するときは、車に注意してください。

3 □の中から漢字を選んで、文を完成しましょう。読み方も書きましょう。

　　　　　億　個　倍　枚　秒

① 東京の地下鉄を利用する人は、１年間で約31＿＿＿人だそうだ。
　　　　　（31　　　）
② 友達と京都に行くので、切符を2＿＿＿買った。
　　　　　（2　　）
③ 飛行機の中には、荷物を何＿＿＿持って入れますか。
　　　　　（　　　）
④ その年は、交通事故が38＿＿＿に１回起きていた。
　　　　　（38　　）

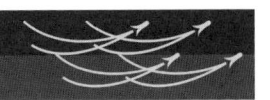

⑤タクシーは速いですが、お金が電車の4____も高くかかりますよ。
　　　　　　　　　　　（4　　　）

4　□には同じ漢字が入ります。□から、漢字を選んで書きましょう。____の部分の読み方も書きましょう。

　　　　　送　　末　　明

①電車の事故のニュースをテレビで ₐ放□していた。
　５０００円以上の商品の配達は、ᵦ□料がかかりません。

② 電話はベルによって ₐ発□された。
　雪のため新幹線が遅れているという ᵦ説□があった。

③ ₐ週□は山に行って、月曜に帰って来るつもりだ。
　新しい駅が ᵦ月□に完成する予定だ。

①	a 放____（　　　） b ____料（　　　）
②	a 発____（　　　） b 説____（　　　）
③	a 週____（　　　） b 月____（　　　）

5　____の部分の漢字には読み方を、平仮名には漢字を書きましょう。

　１９６０年頃まで、日本では、人や物を運ぶのは、主に ₐてつどうだった。１９７０年頃からは、ᵦかんこうの目的で旅行する人や、c個人や女性の d旅行客が増えたが、そのときも多くの人はてつどうで旅行した。しかし、だんだんと物を運ぶのにトラックが利用されるようになって、eこうそくどうろが全国に作られた。現在は、fこうくうきも使われるようになって、スーパーなどには、外国からの野菜や果物がたくさん並んでいる。

a	b	c	d
e	f		

第15回　交通・旅行(1)　59

第16回 交通・旅行（2） Giao thông, du lịch (2)

1 ＿＿の部分の読み方を書きましょう。

> a 美しい海と b 島があなたを待っている！
> 南の海で魚と一緒に c 泳ごう！
> 5日間ツアー
>
> 出発日：7月10日、17日、31日
> ご希望の方は d 美術館見学、e 登山などもできます。

客： すみません、ツアーの時間を知りたいんですが……。
ガイド： f 空港を10時に出発して、g 向こうの空港に着くのは12時の予定です。
そこから h 港までバスで行って、i 船で島に渡ります。
客： 登山は経験がないのですが…。
ガイド： 登山はご希望の方だけです。途中までバスで行って、そこから j 登ります。
高い山ではありませんから、経験がない人でも大丈夫です。
客： そうですか。分かりました。

a	しい	b		c	ごう	d	
e		f		g	こう	h	
i		j	ります				

2 正しいものを選びましょう。
① 駅の方角（a ほうこう　b ほうかく　c ほうがく）から、大きい音が聞こえる。
② ただいま、電波（a でんぱ　b でんば　c でんは）が届かない所にいます。
③ 車で送ってくれるというのを断った（a こどわった　b ことわった　c こわとった）。
④ 車で半島（a はんど　b はんどう　c はんとう）のいちばん先まで行こう。
⑤ どうぞ、おすわり（a お席り　b お座り　c お着り）ください。
⑥ れんらく（a 連洛　b 連酪　c 連絡）したいことがあるので、電話をください。

第3部　場面の言葉を作る漢字

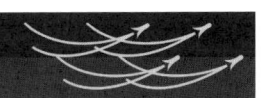

3 □には同じ漢字が入ります。□から、漢字を選んで書きましょう。___の部分の読み方も書きましょう。

| 向　遊　横　置 |

①彼女は、レストランの入り口からすぐ見える a位□に座っていた。
座席の下に荷物を b□かないでください。

②信号がない道を a□断するときは、注意しよう。
駅の b□にバスの案内所がある。

③間違って、行きたい所と反対の a方□へ行ってしまった。
この車は町の中央に b□かっている。

④昨日は a□園地に行って一日中 b□んだ。

①	a	位＿＿＿＿（　　　　）
	b	＿＿かないで（　　かないで）
②	a	＿＿＿＿断（　　　　）
	b	＿＿＿＿＿（　　　　）
③	a	方＿＿＿＿（　　　　）
	b	＿＿かって（　　かって）
④	a	＿＿＿園地（　　　　）
	b	＿＿んだ（　　んだ）

4 ___の部分の漢字には読み方を、平仮名には漢字を書きましょう。
①赤や黄色の a風船が、空に b飛んでいった。
　　　（　　　　）（　　んで）
② a飛行機では、窓側の b座席を選ぶことにしている。
（　　　　）　（　　　　）
③先生に旅行のお土産を差し上げた。
　　　　　　　　（　　し　げた）
④その四角い箱に、おもちゃの電車が入っている。
　（　　　い）
⑤今日は a波が高いので、b すいえいはできません。
　　　（　　）　（　　　　）

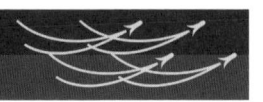

⑥急行電車が駅をつうかした。
　　　　　　　　　（　　　　）

⑦病院は、次の。かどを右に曲がって最初の。こうさてんを渡ると、すぐです。
　　　　　　　（　　　　）　　　　　　（　　　　　　）

5　□の中から漢字を選んで、文を完成しましょう。読み方も書きましょう。

（1）　島　方　登　（2回使う漢字があります）

ぽこぽこ山は。半_____の先にあります。山の上に立
　　　　　　（　　　　　　）

つと、東の。_____角に五つの。_____がよく見えます。
　　　　（　　　　）　　（　　　　）

ぽこぽこ山に。_____山するには、南側の道がお薦め
　　　　　　（　　　　）

です。

（2）　術　船　火　過

ぽこぽこ山は昔、。_____山でした。近くの湖は、その影響でできたものです。
　　　　　（　　　　）

観光用の。_____で、湖を回ることができます。すぐそばには、。美_____館もあっ
　　　（　　　　）　　　　　　　　　　　　　　　　（　　　　　　）

て、ゆっくり。_____ごせる人気の観光地となっています。
　　　　（　　　ごせる）

まとめ問題（5）

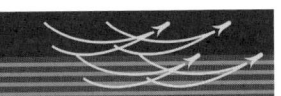

1　＿＿の言葉の読み方として最もよいものを、1・2・3・4から一つ選びましょう。

①日本と私の国との時差は5時間です。
　　1　じいさ　　　　2　ちさ　　　　　3　じさ　　　　　4　ときさ

②集合時間は、メールで連絡します。
　　1　れんらく　　　2　れんだく　　　3　れんなく　　　4　れんがく

③来週、帰国する人の送別会があります。
　　1　そべつかい　　2　そうべつかい　3　そべっかい　　4　そうべっかい

④忙しくて、月末まで休めません。
　　1　つきまつ　　　2　がつまつ　　　3　げっまつ　　　4　げつまつ

⑤昨日、友達と遊園地に行って、とても楽しかった。
　　1　ゆえんち　　　2　ゆえんじ　　　3　ゆうえんじ　　4　ゆうえんち

2　＿＿の言葉を漢字で書くとき、最もよいものを、1・2・3・4から一つ選びましょう。

①映画館の前には、たくさんのかんきゃくが並んで立っていた。
　　1　歓客　　　　　2　勧客　　　　　3　観客　　　　　4　看客

②1おくドルあれば、月へ旅行に行けるらしい。
　　1　億　　　　　　2　臆　　　　　　3　憶　　　　　　4　徳

③この機械はてつでできている。
　　1　銀　　　　　　2　銅　　　　　　3　鉄　　　　　　4　鉛

④100ｍを15びょうで走った。
　　1　秒　　　　　　2　秋　　　　　　3　税　　　　　　4　抄

⑤友達を迎えにくうこうへ行った。
　　1　空航　　　　　2　港空　　　　　3　航空　　　　　4　空港

3 ＿＿の言葉を漢字で書くとき、＿＿の漢字が問題文と同じものを1・2・3の中から一つ選びましょう。

例) ぎんこうは3時に閉まる。
　① 父とカナダをりょこうした。
　② 駅前のかんこう案内所で地図をもらった。
　③ 彼は反対のほうこうに歩いて行った。

① 人口の変化を、グラフを使ってせつめいした。
　1 彼女は世界的にゆうめいな歌手だ。
　2 解答用紙にしめいを書いた。
　3 受験のため、高校の成績しょうめいしょを送ってもらった。

② うるさくて、駅のほうそうがよく聞こえなかった。
　1 メールを書いている途中で、間違ってそうしんしてしまった。
　2 新製品のかんそうを聞かせてください。
　3 私はせんそうに反対だ。

③ 今日は工事のため、10時からだんすいになります。
　1 店の人にスイカのねだんを聞いた。
　2 車でアメリカ大陸をおうだんした。
　3 彼はボランティアのだんたいに入っている。

64 ── 第3部　場面の言葉を作る漢字

4 ＿＿の部分の漢字には読み方を、平仮名には漢字を書きましょう。

さつきさん、おとといから山川湖に来ています。ここは携帯電話のa電波が届かないほどの山の中です。夜は星が東京のb何倍も多く見えて、cあかるくdひかっています。近くの山にe登ると、f遠くに富士山も見えます。林の中で犬をg遊ばせたり、船で湖をh横断してiむかいの村に渡ったりしました。jうつくしい自然の中で3日間ゆっくり過ごしました。
　少しですが、ぶどうをkおくります。土曜のl昼過ぎに届くと思います。じゃ、また会社で。
　　　　　　　　　　　　　　　　　　みさ

Post Card

文京区
　××町×-×

木村さつき様

---

a	b	c　　　るく	d　　　って
e　　　る	f　　　く	g　　ばせたり	h
i　　かい	j　　　しい	k　　　ります	l　　　ぎ

読み方のルール 1　Quy tắc về cách đọc - 1

　　漢字は、勉強した読み方と、言葉になったときの読み方が違っていて、とても困ります。例えば、第5回で、「実」の読み方は「ジツ」だと書いてあります。「事実」のときは「ジツ」ですが、「実験」のときは「ジッ」です。

Cái khó khăn đối với chữ Hán là cách đọc khi học một kiểu và cách đọc khi nó đi ghép vào từ lại một kiểu. Ví dụ: Trong Bài 5, cách đọc của 実 được ghi là ジツ. Trong 事実 thì đọc là ジツ nhưng trong 実験 thì lại đọc là ジッ.

　　それは、後ろの漢字の読み方と関係があります。
　「実（ジツ）」「発（ハツ）」「出（シュツ）」のように、「～ツ」で終わる漢字の後ろに、「カ行、サ行、タ行、ハ行」で始まる漢字が付くと、「～ツ」が「～ッ」に変わるのです。

Vấn đề ở đây liên quan đến cách đọc của chữ Hán đứng đằng sau. Khi những chữ Hán bắt đầu bằng âm chữ thuộc hàng カ, サ, タ, ハ đứng sau những chữ Hán có âm cuối kết thúc bằng âm chữ ～ツ như 実 (ジツ), 発 (ハツ), 出 (シュツ) thì ～ツ biến thành ～ッ.

「実験」は「実(ジツ)＋験(ケン：カ行)」ですから「ツ」が「ッ」になり「ジッケン」となります。「実力(第5回)」は「実(ジツ)＋力(リョク：ラ行)」です。後ろが「カ行、サ行、タ行、ハ行」ではないので、「ツ」はそのままで「ジツリョク」と読みます。また、「事実」は、「実」が後ろにありますから、変わりません。

実験 bao gồm 実(ジツ)＋験(ケン：hàng カ) cho nên ツ biến thành ッ và đọc thành ジッケン. 実力(Bài 5) bao gồm 実(ジツ)＋力(リョク：hàng ラ). Đứng sau không phải là những âm chữ thuộc hàng カ, サ, タ, ハ nên ツ được để nguyên đọc là ジツリョク. Ngoài ra, 事実 thì có 実 đứng ở đằng sau nên không bị biến âm.

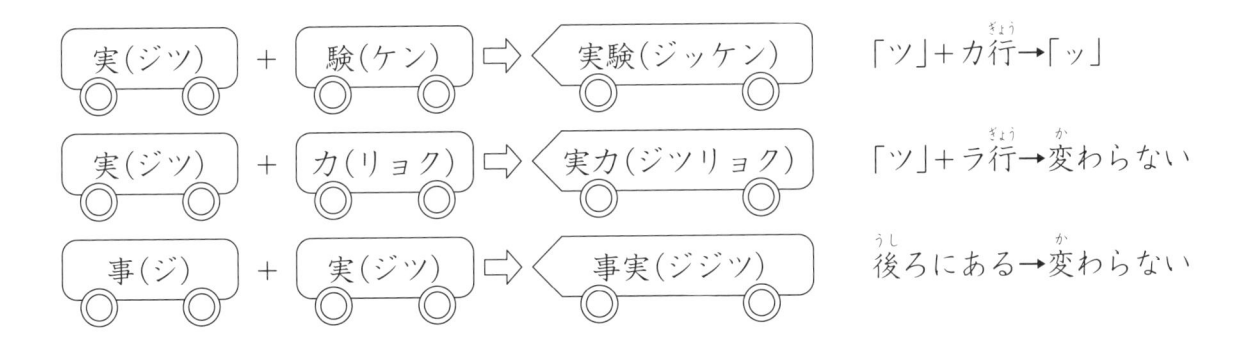

実(ジツ) ＋ 験(ケン) ⇨ 実験(ジッケン)	「ツ」＋カ行→「ッ」
実(ジツ) ＋ 力(リョク) ⇨ 実力(ジツリョク)	「ツ」＋ラ行→変わらない
事(ジ) ＋ 実(ジツ) ⇨ 事実(ジジツ)	後ろにある→変わらない

ポイント1：「〜ツ」で終わる漢字の後ろに、「カ行、サ行、タ行、ハ行」で始まる漢字が付くと、「〜ツ」が「〜ッ」に変わる。

Chú ý 1：Đứng sau chữ Hán có âm 〜ツ cuối là chữ Hán có âm đầu thuộc hàng カ, サ, タ, ハ thì 〜ツ sẽ biến thành 〜ッ.

読み方のルール1

一緒に「発(ハツ)」の言葉の例で考えてみましょう。aとbと、どちらが正しいですか？
Hãy thử cùng suy nghĩ về trường hợp của từ có chữ 発(ハツ) dưới đây! Phương án nào đúng: a hay b?

「発音」
　後ろの「音」が、①(a「カ行、サ行、タ行、ハ行」で始まる　b「カ行、サ行、タ行、ハ行」で始まらない)。
　だから、②(a「〜ツ」が「〜ッ」に変わる　b「〜ツ」が「〜ッ」に変わらない)。

「発見」
　後ろの「見」が、③(a「カ行、サ行、タ行、ハ行」で始まる　b「カ行、サ行、タ行、ハ行」で始まらない)。
　だから、④(a「〜ツ」が「〜ッ」に変わる　b「〜ツ」が「〜ッ」に変わらない)。

> 分かりました。「発音」は、後ろが「音(オン)」だから変わりません。「発見」は後ろが「見(ケン)」だから変わります。
> もう一つ、質問があります。「表(第6回)」が付く「発表」は、後ろの「表(ヒョウ)」も、「ピョウ」に変わるのはどうしてですか。
>
> Tôi hiểu rồi! Từ 発音, đứng sau là chữ 音(オン) nên không biến âm. Từ 発見, đứng sau là chữ 見(ケン) nên có biến âm.
> Còn một câu hỏi nữa! Chữ 表(Bài 6) trong từ 発表: chữ 表(ヒョウ) đứng đằng sau cũng bị biến âm thành ピョウ là tại làm sao?

答え：①b ②b ③a ④a

第3部　場面の言葉を作る漢字

後ろの漢字が「ハ行」で始まるときは、「パ・ピ・プ・ペ・ポ」に変わります。これは、「〜ン」で終わる漢字の後ろに、「ハ行」で始まる漢字が続くときも同じです。

Chữ Hán ở đằng sau mà có âm đầu thuộc hàng ハ thì sẽ bị biến âm thành パ・ピ・プ・ペ・ポ. Tương tự như vậy đối với trường hợp đằng sau chữ Hán kết thúc bằng chữ 〜ン là chữ Hán bắt đầu bằng chữ thuộc hàng ハ.

ポイント2：「〜ツ」「〜ン」で終わる漢字の後ろに、「ハ行」で始まる漢字が付くと、「ハ行」が「パ行」に変わる。

Chú ý 2：Nếu đi sau chữ Hán kết thúc bằng chữ 〜ツ, 〜ン là chữ Hán bắt đầu bằng chữ thuộc hàng ハ thì hàng ハ sẽ biến âm thành hàng パ.

一緒に「法（ホウ）（第10回）」の言葉の例で考えてみましょう。aとbと、どちらが正しいですか？

Hãy thử cùng suy nghĩ về trường hợp của từ có chữ 法（ホウ）(Bài 10) dưới đây! Phương án nào đúng: **a** hay **b**?

「方法」
　前の「方」が、⑤（a「ツ」か「ン」で終わる　b「ツ」でも「ン」でも終わらない）。
　だから、⑥（a「ホウ」が「ポウ」に変わる　b「ホウ」が「ポウ」に変わらない）。
「文法」
　前の「文」が、⑦（a「ツ」か「ン」で終わる　b「ツ」でも「ン」でも終わらない）。
　だから、⑧（a「ホウ」が「ポウ」に変わる　b「ホウ」が「ポウ」に変わらない）。

答え ⑤b ⑥b ⑦a ⑧a

分かりました。「方法」は、前が「方（ホウ）」だから変わりません。「文法」は前が「文（ブン）」だから変わります。他にも読み方が変わるときがありますか。

Tôi hiểu rồi! Trong từ 方法 vì trước là 方（ホウ）nên không biến âm. Trong từ 文法 vì trước là 文（ブン）nên xảy ra biến âm. Ngoài ra còn có cách đọc nào bị thay đổi không nữa không?

はい、あります。しかし、「〜ツ」「〜ン」で終わる漢字が多いので、まずこのルールを知っておくと便利です。

Có đấy! Nhưng nhiều chữ Hán kết thúc bằng 〜ツ, 〜ン nên cứ ghi nhớ điều này sẽ rất tiện.

読み方のルール 2　Quy tắc về cách đọc - 2

駅で友達と会う約束をしたとき、「駅の南口」を「みなみくち」と言ったら、「みなみぐちだよ」と言われました。どうしてですか。

Khi tôi hẹn gặp bạn ở ga, tôi nói "駅の南口" là "みなみくち" thì bị sửa là "みなみぐち". Tại sao lại vậy?

二つの言葉が続いてできた言葉の場合、後ろの言葉の最初に「゛(濁点)」が付くことがあります。「゛(濁点)」が付くのは、原則として、訓読みの言葉のときです。
例えば、次のような言葉です。

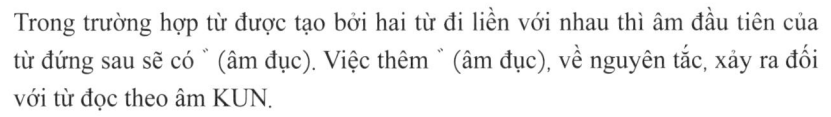

Trong trường hợp từ được tạo bởi hai từ đi liền với nhau thì âm đầu tiên của từ đứng sau sẽ có ゛(âm đục). Việc thêm ゛(âm đục), về nguyên tắc, xảy ra đối với từ đọc theo âm KUN.
Ví dụ như các từ sau đây:

① 窓(マド) ＋ 口(クチ) ⇒ 窓口(マドグチ)　(第1回)

② 虫(ムシ) ＋ 歯(ハ) ⇒ 虫歯(ムシバ)　(第14回)

このルールを知っていると、次のような言葉も読めますね。
Nếu nắm được quy tắc này thì các từ dưới đây cũng sẽ đọc được.

①青空　②飲み薬　③日帰りの旅行　④流れ星　⑤赤組

日帰り：đi trong ngày

流れ星：sao băng

第4部 音読みと訓読みを覚える漢字

第17回 音　新しく音読みを覚える漢字：動詞
Những chữ Hán có âm ON mới cần ghi nhớ - Động từ

1　＿＿の部分の読み方を書きましょう。

① ここに自転車を a止めるのは、b禁止です。
　（　　める）（　　　　）

② 車が来ない a歩道を b歩きましょう。
　（　　　）（　　きましょう）

③ 早く a洗面所で手を b洗ってきなさい。
　（　　　　）（　　って）

④ 学校で a習った漢字は、b復習しておいてください。
　（　　った）（　　　　）

⑤ カラオケで、好きな a歌手の b歌を c歌った。
　（　　）（　　）（　　った）

2　正しいものを選びましょう。
① 今日、人気の雑誌が発売（a はんばい　b はっぱい　c はつばい）される。
② 寝室（a しんしつ　b しうしつ　c しゅうしつ）に、大きなベッドが置いてある。
③ 看護師になるために、病院で実習（a じっしう　b じっしゅう　c じつしゅう）をした。
④ ただ今から、第33回全国大会をかいかい（a 開会　b 会開　c 閉会）いたします。

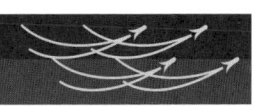

3 ＿＿の二つの言葉がだいたい同じ意味になるように、□の中の漢字を使って、言葉を完成しましょう。読み方も書きましょう。

| 読 始 集 進 |

例) 図書館で a 本を読む。 ＝ 図書館で b 読書する。
　　　　（ほん を よ む）　　　　（どくしょ する）

① グラウンドに a ＿＿まる。 ＝ グラウンドに b ＿＿合する。
　　　　（　　まる）　　　　　　　（　　　する）

② 技術が a ＿＿む。 ＝ 技術が b ＿＿歩する。
　　　　（　　む）　　　　　　　（　　　する）

③ 試験を a ＿＿める。 ＝ 試験を b 開＿＿する。
　　　　（　　める）　　　　　　　（　　　する）

4 □には同じ漢字が入ります。□から、漢字を選んで書きましょう。＿＿の部分の読み方も書きましょう。

| 考 思 売 帰 |

① 毎朝、駅の a □店で新聞を買う。
　この店は、地方の珍しい物を b □っている。

② 残業しないときは、7時には a □宅している。
　国に b □ったら、まず友達に会いたい。

③ みんなの意見を a 参□にして、もう一度よく b □えてみよう。

①	a ＿＿店（　　）	b ＿＿って（　　って）
②	a ＿＿宅（　　）	b ＿＿ったら（　　ったら）
③	a 参＿＿（　　）	b ＿＿えて（　　えて）

第17回　新しく音読みを覚える漢字：動詞 — 75

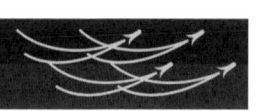

④テレビを見て、世界には ₐ不□議な出来事がたくさんあると ᵦ□った。

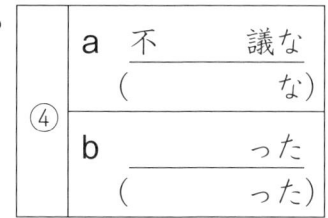

④	a	不＿＿＿議な （＿＿＿な）
	b	＿＿＿った （＿＿＿った）

5 ＿＿の漢字には読み方を、平仮名には漢字を書きましょう。

①2012年、ロンドンでオリンピックが開かれた。
（　　かれた）

②子供たちは、うれしそうにプレゼントの箱を開けた。
（　　けた）

③面接で、ₐれんしゅうしたとおりに話せたので、いい結果を ᵦ期待している。
（　　　　　）　　　　　　　　　　（　　　　）

第18回 新しく音読みを覚える漢字：名詞や形容詞　Những chữ Hán có âm ON mới cần ghi nhớ - Danh từ và tính từ

1　___の部分の読み方を書きましょう。

①a海外に行くとき、飛行機の窓からきれいなb海が
　（　　　　）　　　　　　　　　　　　　（　　　）
　見えた。

②a次のページにb目次があります。
　（　　　）　　（　　　　　）

③a父母から来た手紙によると、b父も　c母も
　（　　　　　）　　　　　　　（　　　）（　　　）
　元気なようだ。

④a朝早くb朝食を食べたので、おなかがすいてしまった。
　（　　　）（　　　　　）

2　正しいものを選びましょう。
①留学の目的（a もっくてき　b もくてき）の一つは、いろいろな経験をすることだ。
②1番と2番の選手が、ほとんど同時（a どうじ　b どんじ）にゴールした。
③道を渡るとき、左右（a さゆ　b さゆう　c さう）をよく見てください。
④日本のしゅと（a 主都　b 首都）は東京だ。
⑤日本は全体の66％がしんりん（a 新林　b 深林　c 森林）だ。
⑥ちゅうしょく（a 中食　b 昼食　c 注食）はもう済みましたか。

3　□には同じ漢字が入ります。▭から、漢字を選んで書きましょう。___の部分の読み方も書きましょう。

　　　目　色　低　紙

①アルバムのa表□には、厚いb□が使われている。

① a 表＿＿＿＿＿
　　　（　　　　　）
　 b ＿＿＿＿＿
　　　（　　　　　）

②試験に合格するためには、ₐ最□70点が必要だ。
　今朝は気温が ᵦ□かったので、川の水が凍っていた。

③お土産は、その地方のₐ特□が出ていて面白い。
　この動物は、周りに合わせて体の ᵦ□を変えることができる。

④英語と数学は、私が得意なₐ科□です。
　今、ガスは石油に替わるエネルギーとして ᵦ注□されている。

②	a	最_____ ( )
	b	_____かった (かった)
③	a	特_____ ( )
	b	_____ ( )
④	a	科_____ ( )
	b	注_____ ( )

4 ＿＿の部分の漢字には読み方を、平仮名には漢字を書きましょう。

①長女はしっかりしているが、次女はのんびりしている。
　　　　　　　　　　（　　　　）

②ずっと勉強していたら、首が痛くなった。
　　　　　　　　（　　）

③「パーティーに参加する人は20人です。」
　「ₐ少ないですね。もう ᵦ少したくさんの人が参加してくれるといいですね。」
　（　　ない）　　（　　し）

④親切な青年が、私の荷物を持ってくれた。
　　　（　　　　）

⑤ₐもりで、ᵦ少年たちがキャンプをしている。
　（　　）（　　　）

⑥でんちを2本買ってきて。
（　　　　）

まとめ問題（6）

1 ＿＿＿の言葉の読み方として最もよいものを、1・2・3・4から一つ選びましょう。

①田舎から都市に移る人が増えて、都市に人口が集中した。
　　1 しゅうちゅう　2 しゅっちゅう　3 しゅうじゅう　4 しゅじゅう

②少しずつだが、問題の解決に向かって前進している。
　　1 ぜんしん　　2 せんしん　　3 ぜんじん　　4 せんじん

③山では、急に気温が低下することがあるので、注意しなければならない。
　　1 てんが　　2 ていが　　3 てんげ　　4 ていか

④彼が次にどんな映画を作るか、世界中が注目している。
　　1 ちゅうぼく　2 ちゅうもく　3 ちゅまぐ　4 ちゅうもぐ

⑤スーパーで卵の特売をしていた。
　　1 とっくまい　2 とぐまい　3 とくばい　4 とぐばい

2 ＿＿＿の言葉を漢字で書くとき、最もよいものを、1・2・3・4から一つ選びましょう。

①明日の授業のよしゅうをしておこう。
　　1 自習　　2 余習　　3 用習　　4 予習

②花火大会は、雨のときはちゅうしです。
　　1 注止　　2 主止　　3 中止　　4 休止

③田中さんは、かいがいで生活した経験がありますか。
　　1 海外　　2 界外　　3 海上　　4 外海

④髪が長いしょうじょが木の下に立っていた。
　　1 小女　　2 少女　　3 子女　　4 生女

⑤キムさん、きこくしても日本のことを忘れないでくださいね。
　　1 飛国　　2 来国　　3 帰国　　4 行国

3 ☐から漢字を選んで、文を完成しましょう。読み方も書きましょう。

| 集 | 禁 | 用 | 歩 | 開 |

①雨のために、テニスの試合＿＿＿始が30分遅れた。
　　　　　　　　　　（　　　　　　）

②あしたは遠足です。＿＿＿合時間に遅れないようにしてください。
　　　　　　　　（　　　　　　　）

③参加を希望する方は、この申し込み＿＿＿紙に書いてください。
　　　　　　　　　　　　　（　　し み　　）

④道を渡るときは、横断＿＿＿道を渡りましょう。
　　　　　　　　（　　　　　　　）

⑤この薬は、副作用があることが分かって、使用＿＿＿止になりました。
　　　　　　　　　　　　　　　　　（　　　　　　　　　）

4 例のように、同じ音読みの漢字を集めましょう。（　）に音読みも書きましょう。使わない字もあります。

(例)
開 会 海
（カイ）

（　　）

（　　）

（　　）

開 会 海 習 洗 始
食 止 職 進 寝 思
新 紙 色 参 森

第19回 音訓　音読みと訓読みを覚える新しい漢字：動詞

Những chữ Hán mới có âm ON và âm KUN cần ghi nhớ - Động từ

1　＿＿の部分の読み方を書きましょう。
①小麦粉と水のa量を正確にb量ってください。
　　　　　　（　　　）（　　　って）
②まだ仕事がa残っているから、b残業しなければならない。
　　　　　　（　　って）　（　　　　）
③日本のa習慣にはb慣れましたが、まだときどき分からないことがあります。
　　　　（　　　）（　　れました）

2　＿＿の二つの言葉がだいたい同じ意味になるように、□の中の漢字を使って、言葉を完成しましょう。読み方も書きましょう。

　　　　　　　　　｜防　移　調　変｜

①隣の教室にa＿＿＿る。　＝　隣の教室にb＿＿＿動する。
　　　　　（　　　る）　　　　　　（　　　　する）
②商品の値段をa＿＿＿べる。＝　商品の値段をb＿＿＿査する。
　　　　　（　　　べる）　　　　　（　　　　する）
③町の様子がa＿＿＿わる。　＝　町の様子がb＿＿＿化する。
　　　　　（　　　わる）　　　　　（　　　　する）
④犯罪をa＿＿＿ぐ。　　＝　犯罪をb＿＿＿止する。
　　　　　（　　　ぐ）　　　　　　（　　　　する）

3　正しいものを選びましょう。
①手続きには、預金（a よきん　b ようきん）の通帳のコピーが必要です。
②寒くて、体が震えます（a くるえます　b ふるえます）。
③昨日の地震（a じちん　b じしん　c ちしん）は、ちょっと大きかったですね。
④引っ越しで、大量（a たいりょ　b だいりょう　c たいりょう）のごみが出た。
⑤一生懸命勉強したおかげで、試験にうかった（a 受かった　b 覚かった　c 妥かった）。

4 漢字の部分を入れて、漢字を完成しましょう。読み方も書きましょう。

例) 昨日、国の友達と|電|話で話した。
　　　　　　　　　（でんわ）

① 去年は赤だったが、今年は白が|氵|行の色だそうだ。
　　　　　　　　　　　　　　　（　　　　）

② この庭には、珍しい|木|物がたくさんある。
　　　　　　　　　　（　　　　）

③ 市長が午後、この病院を|言|問することになっている。
　　　　　　　　　　　　（　　　　）

④ 弟はみどり大学を|□|験して、合格した。
　　　　　　　　　（　　　　）

5 □には同じ漢字が入ります。□から、漢字を選んで書きましょう。＿＿の部分の読み方も書きましょう。

　　　　　　　違　配　育　曲

① 試験問題を a□りますから、名前を書いてください。
　 昼間は留守なので、書留の b□達は夜にお願いします。

② 地震で柱が a□がってしまった。
　 この美しい b□は、誰が c作□したのですか。

③ 私の考えは、あなたのとはちょっと a□います。
　 スピード b□反で、警察に捕まった。

①	a	＿＿ります （＿＿ります）
	b	＿＿達 （　　　　）
②	a	＿＿がって （＿＿がって）
	b	＿＿ （　　　　）
	c	作＿＿ （　　　　）
③	a	＿＿います （＿＿います）
	b	＿＿反 （　　　　）

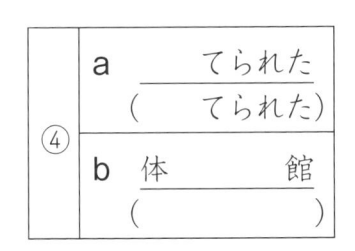

④父が早く死んだので、私は母に a□てられた。
雨だったので、b体□館で運動した。

④	a	＿＿＿てられた （＿＿＿てられた）
	b	体＿＿＿館 （　　　　　）

6 ＿＿の部分の漢字には読み方を、平仮名には漢字を書きましょう。
①会場の受付で、名前を書いてください。
　　　　（　　　　）
②学生時代の先生の家を訪ねた。
　　　　　　　　　　（　　ねた）
③雨が降ったので、今日は川の水がとても速く流れている。
　　　　　　　　　　　　　　　　　（　　れて）
④飛行機に乗る前に、荷物を預けた。
　　　　　　　　　　（　　けた）
⑤いろいろな種類のちょうみりょうをそろえた。
　　　　（　　　　　　　）
⑥庭にうえた木に、毎日小鳥がやって来る。
（　　えた）

第19回　音読みと訓読みを覚える新しい漢字：動詞

第20回 音訓　音読みと訓読みを覚える新しい漢字：名詞や形容詞

Những chữ Hán mới có âm ON và âm KUN cần ghi nhớ - Danh từ và tính từ

1　＿＿の部分の読み方を書きましょう。

①体が a 熱い。　　b 熱があるかもしれない。
　　　（　　い）（　　　）

②本当に a 確実な情報かどうか b 確かめます。
　　（　　　　な）　　　（　　　かめます）

③日本で作られた漢字には、a 例えばどんな b 例がありますか。
　　　　　　　　　　　　　（　　えば）（　　）

2　正しいものを選びましょう。

①日本語はまだ初級（a しょうきゅう　b しょきゅ　c しょきゅう）のレベルです。
②夏休みに深夜（a しんや　b しんよる）のアルバイトをした。
③毎晩遅くまで熱心（a ねっしん　b ねしん　c ねつしん）に漢字の勉強をしている。
④漢字の読み方を正確（a しょうかく　b せいかく　c せいがく）に覚えましょう。
⑤店は、駅の南口を出て歩道橋（a ほうどきょう　b ほどうきょ　c ほどうきょう）を渡ったところにある。
⑥地域の住民のようきゅう（a 要急　b 要求　c 用求）をまとめて、県に提出した。
⑦この規則にれいがい（a 例外　b 列外　c 冽外）はありません。

3　＿＿の二つの言葉がだいたい同じ意味になるように、□の中の漢字を使って、言葉を完成しましょう。読み方も書きましょう。

|初　要　必　痛|

①誰でも a＿＿めは緊張する。　＝　誰でも b 最＿＿は緊張する。
　　　　（　　　め）　　　　　　　　　（　　　　　）

②朝から a 頭が　　い。　＝　朝から b 頭＿＿がする。
　　　（　　が　　い）　　　　　（　　　　　がする）

③海外旅行はパスポートが a＿＿ず＿＿る。
　　　　　　　　　　　　（　　ず　　る）

　＝　海外旅行はパスポートが b＿＿＿＿＿＿だ。
　　　　　　　　　　　　　　（　　　　　だ）

84　第4部　音読みと訓読みを覚える漢字

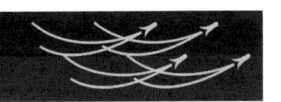

4 漢字の部分を入れて、漢字を完成しましょう。読み方も書きましょう。
　①この魚屋さんでは、いろいろな[禾]類の魚を売っている。
　　　　　　　　　　　　　　　（　　　）
　②この海は、急に[氵]くなって危険ですから、泳いではいけません。
　　　　　　　　　（　　　く）
　③昔は、この川を渡るのが大変だったので、[木]ができてみんな喜んだ。
　　　　　　　　　　　　　　　　　　　　　（　　　）

5 ＿＿の部分の漢字には読み方を、平仮名には漢字を書きましょう。
　①薬を飲んだら、やっと平熱に下がった。
　　　　　　　　　　（　　　　）
　②ご注文の品は、明日確かにお届けします。
　　　　　　　　　　（　　かに）
　③花の種を買った。
　　　（　）
　④この漢字は正しいですか。
　　　　　　　（　　しい）
　⑤はじめて日本語で会話ができたときは、うれしかった。
　（　　めて）

まとめ問題（7）

1 ＿＿＿の言葉の読み方として最もよいものを、1・2・3・4から一つ選びましょう。

①平仮名は曲線が多い文字だ。
　　1 きょっくせん　2 きょくせん　3 きょくぜん　4 きょぐせん

②地味な色の服もよくお似合いですよ。
　　1 ぎみ　　　　2 ちみ　　　　3 しみ　　　　4 じみ

③用事があったので、子供を隣の人に預かってもらった。
　　1 かずあって　2 あずかって　3 さずかって　4 かずさって

④次の体育の時間は、テニスをします。
　　1 たいいく　　2 ていいく　　3 たいく　　　4 ていく

⑤会社に仕事を減らしてくれるように要求した。
　　1 ようきゅ　　2 よきゅう　　3 ようきゅう　4 よちゅう

2 ＿＿＿の言葉を漢字で書くとき、最もよいものを、1・2・3・4から一つ選びましょう。

①ぼんやりしていて、降りる駅をまちがえてしまった。
　　1 間遠えて　　2 問違えて　　3 間違えて　　4 問遠えて

②頑張ったのに、優勝できなくてざんねんです。
　　1 残念　　　　2 浅念　　　　3 浅感　　　　4 残感

③この町のしょくぶつ園では、珍しい花が見られる。
　　1 植物　　　　2 直物　　　　3 食物　　　　4 殖物

④留学生のこうりゅうパーティーに参加した。
　　1 行疏　　　　2 交留　　　　3 行流　　　　4 交流

⑤この机を隣の教室へうつしてください。
　　1 写して　　　2 移して　　　3 動して　　　4 運して

3 ☐から漢字を選んで、文を完成しましょう。読み方も書きましょう。

| 量 | 要 | 変 | 慣 |

①来週までに、必＿＿＿書類を用意しなければならない。
　　　　　　（　　　　　　　）

②この２種類の薬を混ぜると、化学　　化を起こす。
（　　　　　　）

③病気の予防には、正しい生活習　　も大事だ。
（　　　　　　）

④この工場は、新しい機械を入れたので、大　　生産が可能になった。
（　　　　　　　　）

4 ＿＿の漢字の読み方を書きましょう。

①ₐ受験の案内をᵦ受け取った。
（　　　）（　け　　った）

②ₐ流行に　ᵦ流されてはいけない。
（　　　）（　　されて）

③ₐ正しい情報かどうか、ᵦ正確には分からなかった。
（　　しい）　　　（　　　　に）

5 同じ音読みの漢字を集めましょう。（　）に音読みも書きましょう。使わない字もあります。

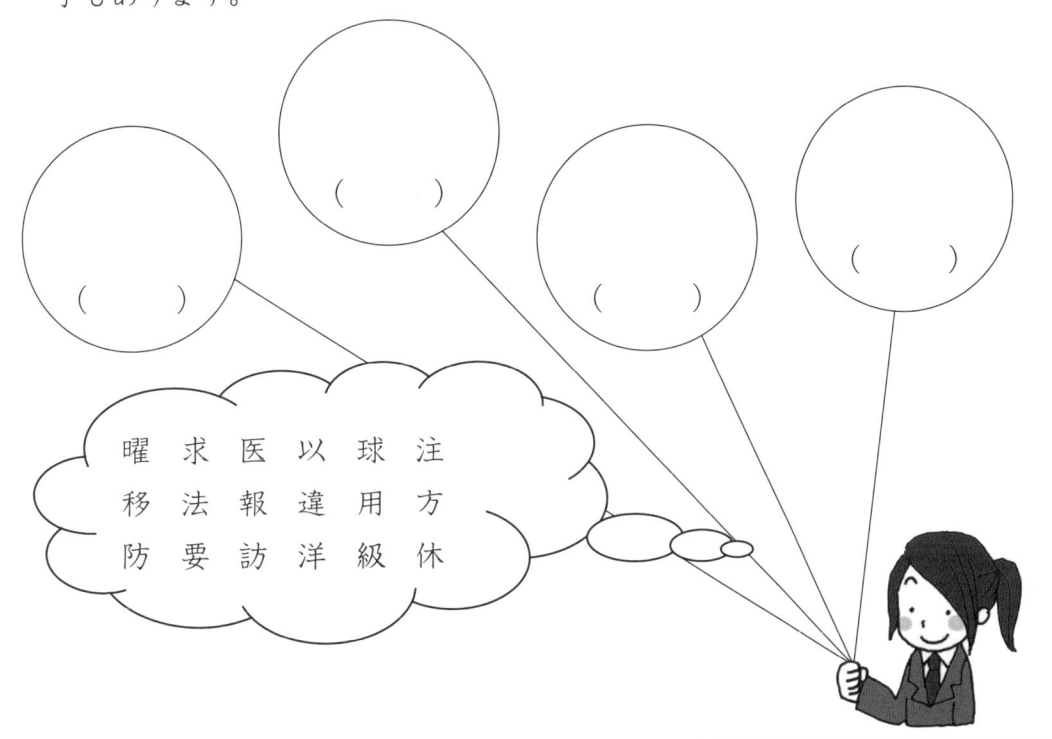

（　）　（　）　（　）　（　）

曜　求　医　以　球　注
移　法　報　違　用　方
防　要　訪　洋　級　休

第5部　たくさんの読み方がある漢字

第21回 二つ以上の訓読みを覚える漢字
Những chữ Hán có trên hai âm KUN cần ghi nhớ

1 絵を見て、読み方を書きましょう。

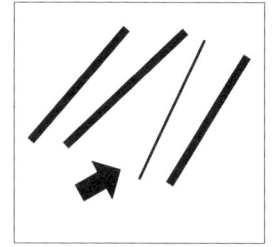

① バスを a降りる。／雨が b降っている。
（　　りる）（　　って）

② この線は a細い。／b細かい字だ。
（　　い）（　　かい）

③ a彼と b彼女は友達だ。
（　　）（　　）

④ お茶を a冷ます。／ビールを b冷やす。
（　　ます）（　　やす）

2 正しいものを選びましょう。

① プレゼントは細長い（a ほそながい　b こまながい）箱に入っていた。
② 父は目を閉じて（a とじて　b しめじて）考えていた。
③ 込んでいますね。あいて（a 開いて　b 空いて）いる席はあるでしょうか。

3 漢字の部分を入れて、漢字を完成しましょう。読み方も書きましょう。
①もう夜遅いですから、車で送りましょうか。
（　　　い）
②掃除をしていないので、部屋が汚い。
（　　　い）
③打ったボールは、彼女の方に転がっていった。
（　　がって）
④風が強いから、窓を閉めてください。
（　　めて）

4 ＿＿の部分の漢字の読み方を書きましょう。
①ₐ今夜頑張れば、仕事は明日のᵦ夜中には終わるでしょう。
（　　　）　　　（　　　）
②気温がₐ上がったので、ᵦ上着を脱いだ。／次の꜀上りの電車は何時ですか。
（　　がった）（　　　）　　（　　　り）
③きれいな鳥が、ₐ空を飛んでいる。／箱の中はᵦ空だった。
（　　　）　　　（　　　）
④私はₐ高校生になるまで、ᵦ生の魚が食べられなかった。꜀生きている魚を
（　　　）　（　　）　　　　　　（　　きて）
思い出すからだ。
⑤ₐ割引で買ったお皿がᵦ割れてしまった。
（　　　）　（　　れて）
⑥怖い夢だった。目がₐ覚めても、はっきりᵦ覚えている。
（　　めても）　（　　えて）

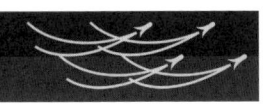

5 □には同じ漢字が入ります。□から、漢字を選んで書きましょう。＿＿の部分の読み方も書きましょう。

| 転　遅　汚　生　冷 |

① 去年 a□まれた赤ちゃんに、歯が b□えてきた。

② 外で遊んで帰ってきた子供の手と足は、a□れて b□くなっていた。

③ この料理は a□たいほうがおいしいので、よく b□やしてください。

④ a自□車に乗っていて、b□んでしまった。

⑤ A：「約束の時間を30分過ぎていますよ。山下さん、a□いですね。」
　 B：「事故で電車が b□れているらしいですよ。」

①	a	＿＿まれた（＿＿まれた）
	b	＿＿えて（＿＿えて）
②	a	＿＿れて（＿＿れて）
	b	＿＿く（＿＿く）
③	a	＿＿たい（＿＿たい）
	b	＿＿やして（＿＿やして）
④	a	自＿＿車（　　　）
	b	＿＿んで（＿＿んで）
⑤	a	＿＿い（＿＿い）
	b	＿＿れて（＿＿れて）

Memo

第22回 二つめの音読みを覚える漢字
Những chữ Hán có cách đọc âm ON thứ hai cần ghi nhớ

1 ＿＿の漢字の読み方が同じものを線で結びましょう。読み方も書きましょう。

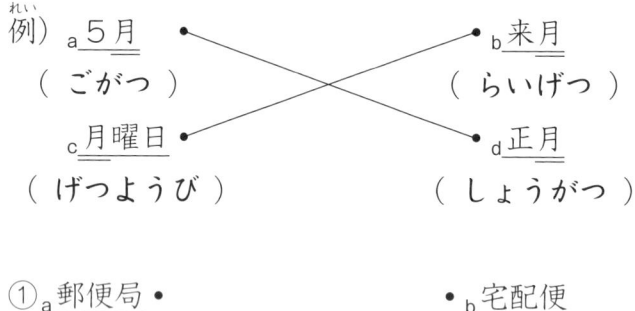

例） a 5月 ──────── b 来月
　　（ ごがつ ）　　　　（ らいげつ ）

　　 c 月曜日 ──────── d 正月
　　（ げつようび ）　　（ しょうがつ ）

① a 郵便局　・　　　　・ b 宅配便
　（　　　　）　　　　（　　　　）

　 c 便利　・　　　　　・ d 不便
　（　　　　）　　　　（　　　　）

② a 工場　・　　　　　・ b 工夫
　（　　　　）　　　　（　　　　）

　 c 大工　・　　　　　・ d 工業
　（　　　　）　　　　（　　　　）

③ a 日曜日　・　　　　・ b 平日
　（　　　　）　　　　（　　　　）

　 c 先日　・　　　　　・ d 日時
　（　　　　）　　　　（　　　　）

2 正しいものを選びましょう。

① 本日（a ほんにち　b ほんじつ）はお忙しい中、お集まりくださいまして、ありがとうございます。

② 過去（a かきょ　b かっきょ　c かこ）の嫌な思い出は、話したくない。

③ この薬は、眠くなるという副作用（a ふくさくよう　b ふくさよう　c ふくさっよう）がある。

④ 次男（a じだん　b じなん）は野菜が嫌いだ。

⑤ 日本語には、文字（a もじ　b ぶんじ）が3種類ある。

94　第5部　たくさんの読み方がある漢字

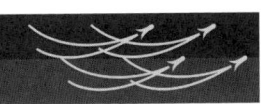

3 □には同じ漢字が入ります。□から、漢字を選んで書きましょう。＿＿の部分の読み方も書きましょう。

| 文　間　自　物 |

①他の人の考えを気にしないで、a□分で考えることが大切だ。
きれいな川と山を残すために、b□然を守る運動をしている。

②a見□に行くときは、b荷□が少ないほうがいいですよ。

③a人□が動物と違うのは、火を使うということだ。
工事のb期□は、10月15日から2週間です。

④a□化が違っても、人は分かり合えると思う。
この店は、b注□を受けてから3分以内に料理を出す。

①	a	＿＿＿＿分（　　　）
	b	＿＿＿＿然（　　　）
②	a	見＿＿＿＿（　　　）
	b	荷＿＿＿＿（　　　）
③	a	人＿＿＿＿（　　　）
	b	期＿＿＿＿（　　　）
④	a	＿＿＿＿化（　　　）
	b	注＿＿＿＿（　　　）

4 ＿＿の部分の漢字には読み方を、平仮名には漢字を書きましょう。
①今の仕事は、決してa楽ではないが、好きな仕事なので、とてもb楽しい。
　　　　　　　　　（　　　）　　　　　　　　　　　　　　　（　　　しい）
②このa作品を作るのには、非常に細かいb作業が必要だっただろう。
　　（　　　）　　　　　　　　　（　　　）
③aきゅうじつは、bひあたりのいい部屋で好きな本を読む。
　（　　　）（　　　たり）

第22回　二つめの音読みを覚える漢字 —— 95

第23回 二つの音読みを覚える新しい漢字

Những chữ Hán mới có hai cách đọc âm ON cần ghi nhớ

1　＿＿＿の部分の読み方を書きましょう。
　①テストの点が59点以下だった人は、a再来週、b再試験を受けてください。
　　　　　　　　　　　　　　　　　　　（　　　　）（　　　　　）
　②お医者さんを選ぶときは、近所のa評判を聞いたり、インターネットで調べたり
　　　　　　　　　　　　　　　　　（　　　　）
　してから、b判断するようにしている。
　　　　　（　　　　）
　③20時のパリa経由ロンドン行きの飛行機に乗ります。それまで、b自由に町を
　　　　　　　（　　　　）　　　　　　　　　　　　　　　　　　（　　　　　）
　観光してください。

2　正しいものを選びましょう。
　①会議で決定(aけつてい　bけってい)したことを、お知らせします。
　②線は、定規(aじょうぎ　bていぎ　cじょうき)を使って、きれいに引いてください。
　③定期券(aじょうきけん　bていきけん　cてえきけん)を買うときに、証明書が要
　　りますか。
　④あなたが反対するりゆう(a理曲　b理田　c理由)を言ってください。

3　漢字の部分を入れて、漢字を完成しましょう。読み方も書きましょう。
　①あの店は、水曜日が[宀]休日だから、今日はやっていないはずだ。
　　　　　　　　　　（　　　　　　）
　②このマンションは、動物を飼ってはいけない規[貝]になっている。
　　　　　　　　　　　　　　　　　　　　　　（　　　　　　）
　③新しい製品の[言]判は大変よくて、よく売れています。
　　　　　　　（　　　　　）

第5部　たくさんの読み方がある漢字

4 ___の部分の平仮名に漢字を書きましょう。
①新しいかばんを、ていかの70%で買った。
　　　　　　　（　　　　　）
②映画のけんが2枚あります。
　　　　（　　）
③瓶をさいりようすることで、ごみが減らせます。
　　（　　　　　　）

第24回 音訓　三つ以上の読み方を覚える漢字（1）　Những chữ Hán có trên ba cách đọc cần ghi nhớ (1)

1　絵を見て、読み方を書きましょう。

①a 重い本を
（　　　い）
b 重ねる。
（　　　ねる）

②a 女の子の
（　　の　）
b 様子が変だ。
（　　）

③a 行事が
（　　　　）
b 行われる。
（　　　われる）

④この a 土地は
（　　　　）
b 土がいい。
（　　）

2　＿＿の二つの言葉がだいたい同じ意味になるように、□の中の漢字を使って、言葉を完成しましょう。読み方も書きましょう。

　　　　　　　伝　後　度　重

①今日は休むと a＿＿＿えてください。　＝　今日は休むと b＿＿＿言してください。
　　　　　　（　　えて）　　　　　　　　　　　　　　　　　（　　　して）

②彼は a 何＿＿＿も電話してきた。　＝　彼は b＿＿＿々電話してきた。
　　　（　　　も）　　　　　　　　　　　　（　　　）

③来週の a 真ん中より＿＿＿は晴れるでしょう。
　　　（　　ん　より　）
＝　来週の b＿＿＿半は晴れるでしょう。
　　　　（　　　）

④ここで a 体の＿＿＿さを量ります。　＝　ここで b 体＿＿＿を量ります。
　　　（　　の　　さ）　　　　　　　　　　（　　　）

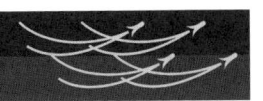

3 正しいものを選びましょう。
　①今日の天気は、晴れ後（aご　bあと　cのち）曇りです。
　②学生のとき、この辺りに下宿（aげっしゅく　bげしゅく　cけじゅく）していた。
　③そろそろ出かける支度（aしたく　bしど　cしたび）をしなければなりません。
　④おかし（aお果子　bお菓子　cお楽子）を作るのが趣味だ。
　⑤けがをして血が止まらないので、外科（aげか　bがか　cがいか）に行った。

4 ＿＿＿の部分の読み方を書きましょう。
　①駅の階段を a下りると、ちょうど b下りの電車が来るところだった。「線の内側に
　　　　　　　（　　りる）　　　　（　　り）
　　c下がってください」という駅員さんの声が聞こえた。
　（　　がって）
　②何を a言うか、どんな b言葉を使うかよく考えてから c発言する。
　　　　（　　う）　　　（　　　）　　　　　　　　　（　　　　）
　③a下の子のおなかの b調子が悪い。c様子を見て、あした医者に連れて行こう。
　（　の　）（　　　）（　　　）
　④駅へ a行ったら、交通機関を利用する人の b行動について、調査を c行っていた。
　　　　（　　ったら）　　　　　　　　　　（　　　）　　　　　　（　　　って）
　⑤a外出する前に天気予報を調べたのに、予報が b外れて大雪になった。
　（　　　）　　　　　　　　　　　　　　（　　れて）

5 ＿＿＿の部分の平仮名に漢字を書きましょう。
　①おきゃくさまがいらっしゃいました。
　（お　　　　　　）
　②じゅうような問題について話し合う。
　（　　　　　な）
　③体育の授業は、adんしと　bじょしに分かれて行います。
　　　　　　　　（　　　　）（　　　　）

第24回　三つ以上の読み方を覚える漢字(1)　99

第25回 音訓 三つ以上の読み方を覚える漢字（2）
Những chữ Hán có trên ba cách đọc cần ghi nhớ (2)

1　＿＿の部分の読み方を書きましょう。

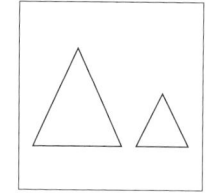

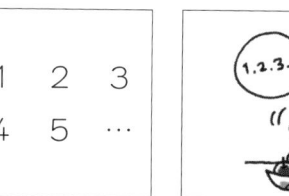

①ₐ人形　　魚のᵦ形の雲　　c三角形　　②ₐ数字　　ᵦ数を c数える。
（　　　）（　　　）（　　　）（　　　）（　　）（　　える）

2　＿＿の部分の読み方を書きましょう。
①胸がₐ苦しい。／ᵦ苦い薬を飲む。／c苦労をする。
　　　（　　しい）（　　い）　　（　　　　）

②ₐ消火器で火をᵦ消す。／火がc消えた。
（　　　　）（　　す）（　　えた）

③欲しいものをₐ指で ᵦ指す。／仕事のc指示をする。
　　　　　　（　　）（　　す）（　　　　）

④鍵をₐ無くす。／ᵦ無事だと聞いて安心した。／この電話はc無料で使える。
　　　（　　くす）（　　　　）　　　　　　　　　（　　　　　）

3　正しいものを選びましょう。
①首相（aしゅうそう　bしゅしょう）は、ヨーロッパの国々を訪問した。
②来年の春の完成を目指して（aめさして　bめざして）、橋の建設を急いでいる。
③大事な手紙なので、書留（aかきどめ　bかきとめ　cかきどまり）で送った。
④私はすうがく（a数学　b教学　c類学）が得意です。

4　漢字の部分を入れて、漢字を完成しましょう。読み方も書きましょう。
①彼は約束を必ず [守] る。
　　　　　　　　（　　る）

②電話で話していた [相] 手は、誰ですか。
　　　　　　　　（　　　）

③水をかけても、火はなかなか[氵]えなかった。
（　　　えなかった）

④弟は、高い熱が出て、[艹]しそうだった。
（　　　しそう）

5　□には同じ漢字が入ります。□から漢字を選んで書きましょう。＿＿の部分の読み方も書きましょう。

　　　　数　神　留　相

①進学について、先生に a□談した。
　結婚する b□手を両親に紹介した。
　新しい c首□は、大臣の中でいちばん若い。

②お正月は、a□社に行って、いい年になるようにと b□様にお願いする。
　痛いと感じるのは、c□経があるからだ。

③英語の勉強のために、オーストラリアに a□学した。
　両親が旅行に出かけたので、b□守番をしている。
　お金を郵便で送るときは、c書□で送ってください。

④英語で１から１０まで a□える。
　先週の試験の b点□が発表された。
　コップが足りません。c□をよく確かめてください。

①	a ＿＿談（　　）
	b ＿＿手（　　）
	c 首＿＿（　　）
②	a ＿＿社（　　）
	b ＿＿様（　　）
	c ＿＿経（　　）
③	a ＿＿学（　　）
	b ＿＿守番（　　）
	c 書＿＿（　　）
④	a ＿＿える（　　える）
	b 点＿＿（　　）
	c ＿＿（　　）

第25回　三つ以上の読み方を覚える漢字（2）

実力テスト

実力テスト1

問題1 ＿＿のことばの読み方として最もよいものを、1・2・3・4から一つえらびなさい。

① 父の手術は、無事に終わった。
　　1 しゅじゅつ　　2 しじゅつ　　3 しゅうずつ　　4 しゅずつ

② 病気の予防には、規則正しい生活が大切だ。
　　1 ようは　　2 よほう　　3 ようぼう　　4 よぼう

③ 震度が5だと、棚から物が落ちることもある。
　　1 じんど　　2 しんど　　3 しんどう　　4 しんとう

④ 友達に映画の感想を聞かれた。
　　1 かんぞ　　2 かんしょう　　3 かんじょう　　4 かんそう

⑤ 布団を押し入れにしまってください。
　　1 おしいれ　　2 こしいれ　　3 おしはいれ　　4 こしはいれ

⑥ ドアがバタンと閉まる音がした。
　　1 とじまる　　2 しめまる　　3 しまる　　4 こじまる

⑦ ケーキを作るときは、砂糖を正確に量ってください。
　　1 しょがくに　　2 せいがくに　　3 しょうかくに　　4 せいかくに

⑧ よし子さんは、笑顔がすてきですね。
　　1 いがお　　2 わらかお　　3 にこがお　　4 えがお

問題2 ＿＿＿のことばを漢字で書くとき、最もよいものを、1・2・3・4から一つえらびなさい。

① その村にはしょうてんが一つあるだけだった。
　1　商店　　　　　2　帝店　　　　　3　商点　　　　　4　帝点

② 米をしょうひする量は、毎年減っている。
　1　肖貨　　　　　2　消費　　　　　3　消資　　　　　4　肖費

③ たくさんたんごを知っていれば、いろいろなことが話せる。
　1　巣語　　　　　2　巣詩　　　　　3　単語　　　　　4　単詩

④ 明日たたかう相手は、とても強いチームだ。
　1　戒う　　　　　2　戦う　　　　　3　敵う　　　　　4　争う

⑤ 夏は、くさが伸びるのが速い。
　1　芽　　　　　　2　芋　　　　　　3　草　　　　　　4　苗

⑥ 小学生は、きいろい帽子をかぶっていた。
　1　華色い　　　　2　横色い　　　　3　昔色い　　　　4　黄色い

実力テスト1 —— 105

実力テスト２

問題１　＿＿＿のことばの読み方として最もよいものを、１・２・３・４から一つえらびなさい。

[1] この携帯電話は、山の上でも電波が受信できますか。
　　1 しゅじん　　2 じゅしん　　3 じゅうじん　　4 しゅうじん

[2] この食品は保存ができない。
　　1 ほぞん　　2 ほうぞん　　3 ほそん　　4 ほうそん

[3] 出発の当日は、空港にみんなが見送りに来てくれた。
　　1 とうにち　　2 とうじつ　　3 とっじつ　　4 とんにち

[4] 出張と重なって、子供の運動会を見に行けなかった。
　　1 うなって　　2 おもなって　　3 かなって　　4 かさなって

[5] みんなで食べたので、お菓子の袋はすぐ空になった。
　　1 から　　2 そら　　3 あき　　4 くう

[6] この料理は、冷めるとおいしくない。
　　1 やめる　　2 つめためる　　3 さめる　　4 ひえめる

[7] 子供は、虫歯が痛いと言って、朝から泣いている。
　　1 むしは　　2 むしば　　3 ぶしは　　4 ぶしば

[8] 寒さで、女の子は顔が真っ青だった。
　　1 まあっかお　　2 まっあお　　3 まあっあお　　4 まっさお

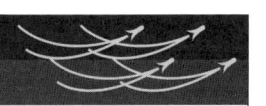

問題2 ＿＿＿のことばを漢字で書くとき、最もよいものを、1・2・3・4から一つえらびなさい。

① この工場では、船をせいぞうしている。
　　1　制造　　　　2　製造　　　　3　制追　　　　4　製追

② このバスのていいんは60名です。
　　1　停員　　　　2　停人　　　　3　定員　　　　4　定人

③ 本のもくじをよく見て、どこから読むか考える。
　　1　目辞　　　　2　目字　　　　3　目録　　　　4　目次

④ あの人は、何を考えているか分からないので、つきあいにくい。
　　1　着き合いにくい　　　　2　付き合いにくい
　　3　着き会いにくい　　　　4　付き会いにくい

⑤ 新しいアパートは狭いですが、ひあたりはとてもいいです。
　　1　火向たり　　2　日向たり　　3　火当たり　　4　日当たり

⑥ 植物のねには、土から水や栄養を取るという重要な役目があります。
　　1　根　　　　　2　恨　　　　　3　株　　　　　4　葉

索引

読み方	漢字	回
	あ	
アイ	愛	13
あい	相	25
あずかる	預かる	19
あずける	預ける	19
あそぶ	遊ぶ	16
あたたかい	暖かい	4
あたたかい	温かい	6
あたたまる	暖まる	4
あたたまる	温まる	6
あたためる	暖める	4
あたためる	温める	6
あたり	辺り	1
あたる	当たる	6
あつい	厚い	4
あつい	熱い	20
あてる	当てる	6
あぶら	油	9
あらわす	現す	9
あらわれる	現れる	9
アン	案	6
	い	
イ	位	16
イ	移	19
イ	違	19
イク	育	19
いし	石	9
いそがしい	忙しい	4
いたい	痛い	20
いち	市	1
いと	糸	1
いのち	命	1
いる	要る	20
いわ	岩	1
イン	因	12
	う	
うえる	植える	19
うかる	受かる	19
うける	受ける	19
うち	内	6

読み方	漢字	回
うつ	打つ	2
うつくしい	美しい	16
うつす	移す	19
うつる	移る	19
うま	馬	1
	え	
エ	絵	11
エイ	営	7
エイ	泳	16
えがお	笑顔	4(特)
エキ	易	7
えらぶ	選ぶ	9
エン	遠	15
	お	
おう	追う	6
オウ	王	12
オウ	央	15
オウ	横	16
オク	億	15
おく	置く	16
おくれる	遅れる	21
おこなう	行う	24
おさえる	押さえる	2
おす	押す	2
おそい	遅い	21
おちる	落ちる	2
おっと	夫	14
おとす	落とす	2
おぼえる	覚える	21
おも	面	6
おもて	表	6
およぐ	泳ぐ	16
おりる	降りる	21
おる	折る	2
おれる	折れる	2
オン	温	6
	か	
カ	加	6
カ	果	6
カ	課	7

読み方	漢字	回
カ	価	9
カ	化	13
カ	可	13
カ	過	16
カ	歌	17
カ	菓	24
かい	貝	1
カイ	械	7
カイ	解	10
カイ	階	11
カイ	介	12
カイ	開	17
カイ	海	18
かえる	変える	19
かおり	香り	14
かかり	係	14
カク	各	5
カク	格	10
カク	角	16
カク	確	20
かさなる	重なる	24
かさねる	重ねる	24
かず	数	25
かぞえる	数える	25
かた	型	1
かたち	形	25
かたる	語る	1
かつ	勝つ	9
カツ	活	11
かど	角	16
かなしい	悲しい	4
かならず	必ず	20
かの	彼	21
かみ	神	25
から	空	21
かれ	彼	21
がわ	側	1
かわる	変わる	19
カン	感	5
カン	管	7
カン	完	8
カン	簡	10
カン	関	14
カン	観	15
カン	慣	19

読み方	漢字	回
き		
き	黄	4
キ	記	5
キ	期	5
キ	機	7
キ	基	8
キ	器	11
キ	帰	17
キ	規	23
ギ	技	7
ギ	議	8
ギ	疑	13
きえる	消える	25
きく	効く	3
きたない	汚い	21
きのう	昨日	4(特)
きまる	決まる	6
きみ	君	14
きめる	決める	6
キャク	客	15
キュウ	球	11
キュウ	給	11
キュウ	休	14
キュウ	求	20
キュウ	級	20
キョウ	共	8
キョウ	協	8
キョウ	橋	20
ギョウ	行	24
ギョウ	形	25
キョク	局	11
キョク	曲	19
キン	勤	14
キン	禁	17
く		
ク	工	22
ク	苦	25
グ	具	5
くさ	草	1
くだもの	果物	4(特)
くだる	下る	24
くばる	配る	19
くみ	組	1

読み方	漢字	回
くも	雲	1
くらべる	比べる	2
くるしい	苦しい	25
くわえる	加える	6
クン	君	14

け

読み方	漢字	回
け	毛	1
ゲ	下	24
ゲ	外	24
ケイ	経	9
ケイ	係	14
ケイ	形	25
ゲイ	芸	10
けしき	景色	4(特)
けす	消す	25
ケツ	決	6
ケツ	結	6
ケツ	欠	10
ケツ	血	14
ケン	建	7
ケン	件	8
ケン	権	8
ケン	検	13
ケン	間	22
ケン	券	23
ゲン	原	7
ゲン	限	8
ゲン	現	9
ゲン	言	24

こ

読み方	漢字	回
コ	故	15
コ	個	15
コ	去	22
コウ	広	7
コウ	公	8
コウ	幸	14
コウ	香	14
コウ	光	15
コウ	航	15
コウ	向	16
コウ	港	16
コウ	考	17
コウ	後	24

読み方	漢字	回
こえる	越える	2
コク	告	7
こす	越す	2
こと	言	24
ことわる	断る	16
こまかい	細かい	21
こまる	困る	3
こむ	込む	2
こめ	米	1
ころがす	転がす	21
ころがる	転がる	21
ころす	殺す	2
ころぶ	転ぶ	21
コン	婚	6
ゴン	言	24

さ

読み方	漢字	回
サ	査	13
サ	差	16
サ	左	18
サ	作	22
サ	再	23
ザ	座	16
サイ	最	6
サイ	際	8
サイ	済	9
サイ	才	13
サイ	再	23
ザイ	在	9
ザイ	財	11
さけ	酒	1
さす	差す	16
さす	指す	25
ザツ	雑	10
さま	様	24
さます	覚ます	21
さます	冷ます	21
さめる	覚める	21
さめる	冷める	21
サン	参	6
サン	算	11
サン	山	16
ザン	残	19

読み方	漢字	回
	し	
シ	私	10
シ	資	10
シ	誌	10
シ	支	11
シ	司	12
シ	師	12
シ	史	13
シ	歯	14
シ	止	17
シ	始	17
シ	思	17
シ	紙	18
シ	自	22
シ	子	24
シ	指	25
ジ	治	9
ジ	辞	10
ジ	次	18
ジ	地	19
ジ	示	25
しあわせ	幸せ	14
シキ	式	12
しずか	静か	4
シツ	失	12
ジツ	実	5
ジツ	日	22
しま	島	16
しまる	閉まる	21
しめる	閉める	21
シュ	首	18
シュ	種	20
ジュ	授	10
ジュ	受	19
シュウ	収	11
シュウ	修	11
シュウ	習	17
シュウ	集	17
ジュウ	重	24
シュク	宿	10
ジュツ	術	7
ジュン	準	12
ショ	初	20
ジョ	女	5

読み方	漢字	回
ショウ	商	7
ショウ	勝	9
ショウ	紹	12
ショウ	証	15
ショウ	少	18
ショウ	消	25
ショウ	相	25
ジョウ	情	5
ジョウ	条	8
ジョウ	常	11
ジョウ	定	23
ショク	職	7
ショク	色	18
ショク	植	19
しらべる	調べる	19
シン	信	5
シン	身	12
シン	進	17
シン	寝	17
シン	森	18
シン	震	19
シン	深	20
シン	神	25
ジン	臣	8
ジン	神	25
	す	
ス	子	24
ス	守	25
ズ	頭	20
スウ	数	25
すぎる	過ぎる	16
すごす	過ごす	16
すずしい	涼しい	4
すべて	全て	4
すむ	済む	9
すわる	座る	16
	せ	
セイ	性	5
セイ	製	5
セイ	成	8
セイ	制	8
セイ	政	8
セイ	省	13

読み方	漢字	回
セイ	青	18
セイ	正	20
ゼイ	税	8
セキ	石	9
セキ	席	10
セキ	責	13
セツ	設	7
セツ	接	14
セン	線	5
セン	戦	9
セン	選	9
セン	船	16
セン	洗	17
ゼン	然	6

そ

読み方	漢字	回
ソウ	総	8
ソウ	争	9
ソウ	早	11
ソウ	想	13
ソウ	送	15
ソウ	相	25
ゾウ	増	6
ゾウ	造	7
ソク	速	6
ソク	束	12
ソク	足	13
ソク	則	23
そだつ	育つ	19
そだてる	育てる	19
ソツ	卒	10
ゾン	存	13

た

読み方	漢字	回
タ	他	14
タイ	退	11
タイ	対	13
タイ	待	17
ダイ	第	5
タク	宅	11
タク	度	24
たしか	確か	20
たしかめる	確かめる	20
たすかる	助かる	3
たすける	助ける	3

読み方	漢字	回
たずねる	訪ねる	19
たたかう	戦う	9
タツ	達	12
たとえる	例える	20
たね	種	20
たび	度	24
たま	玉	1
タン	単	10
タン	短	10
ダン	男	5
ダン	団	8
ダン	段	9
ダン	断	16
ダン	談	25

ち

読み方	漢字	回
チ	値	9
ち	血	14
チ	置	16
チ	池	18
ちがう	違う	19
ちがえる	違える	19
チュウ	昼	18
チョウ	朝	18
チョウ	調	19
チョク	直	14

つ

読み方	漢字	回
ツイ	追	6
ツウ	痛	20
つく	付く	3
つける	付ける	3
つたえる	伝える	24
つたわる	伝わる	24
つち	土	24
つづく	続く	3
つづける	続ける	3
つとめる	勤める	14
つま	妻	1
つめたい	冷たい	21
つれる	連れる	14

て

読み方	漢字	回
テイ	庭	14
テイ	低	18

読み方	漢字	回
テイ	定	23
テキ	的	5
テツ	鉄	15
てつだう	手伝う	4(特)
てら	寺	1
テン	点	10
デン	伝	24

と

読み方	漢字	回
ト	登	16
ト	土	24
トウ	当	6
トウ	答	10
トウ	等	10
トウ	島	16
ドウ	働	7
ドウ	同	18
ドク	読	13
とじる	閉じる	21
とどく	届く	3
とどける	届ける	3
とぶ	飛ぶ	16
とまる	泊まる	3
とめる	留める	25
とも	供	1
ともだち	友達	4(特)

な

読み方	漢字	回
ナイ	内	6
ない	無い	25
なおす	治す	9
なおす	直す	14
なおる	治る	9
なおる	直る	14
ながす	流す	19
ながれる	流れる	19
なく	泣く	2
なく	鳴く	3
なげる	投げる	2
なま	生	21
なみ	波	16
ならぶ	並ぶ	2
ならべる	並べる	2
なる	鳴る	3
なれる	慣れる	19

読み方	漢字	回
ナン	男	22

に

読み方	漢字	回
に	荷	22
にがい	苦い	25
にげる	逃げる	3
にわ	庭	14
ニン	任	13

ね

読み方	漢字	回
ね	根	1
ね	値	9
ねがう	願う	3
ネツ	熱	20
ネン	念	12

の

読み方	漢字	回
ノウ	農	7
ノウ	能	13
のこす	残す	19
のこる	残る	19
のち	後	24
のぼる	登る	16
のぼる	上る	21

は

読み方	漢字	回
は	葉	1
は	歯	14
ハ	波	16
ハイ	敗	12
ハイ	配	19
バイ	倍	15
バイ	売	17
はえる	生える	21
はかる	計る	3
はかる	量る	19
はし	橋	20
はじめ	初め	20
はじめて	初めて	20
はずす	外す	24
はずれる	外れる	24
はたけ	畑	1
はたち	二十歳	4(特)
はやい	速い	6
はらう	払う	2

読み方	漢字	回
はれる	晴れる	3
ハン	反	13
ハン	判	23
バン	判	23

ひ

読み方	漢字	回
ヒ	費	5
ヒ	非	11
ヒ	飛	16
ビ	備	12
ビ	美	16
ひえる	冷える	21
ひさしい	久しい	4
ヒツ	必	20
ひやす	冷やす	21
ヒョウ	表	6
ヒョウ	評	23
ビョウ	秒	15
ビン	便	22

ふ

読み方	漢字	回
フ	府	8
フ	婦	12
フ	普	12
フ	父	18
ブ	無	25
フウ	夫	14
ふえる	増える	6
ふかい	深い	20
フク	副	5
フク	福	14
フク	復	17
ふせぐ	防ぐ	19
ふね	船	16
ふやす	増やす	6
ふる	降る	21
ふるえる	震える	19

へ

読み方	漢字	回
ヘイ	平	8
へらす	減らす	3
へる	減る	3
ヘン	変	19

ほ

読み方	漢字	回
ホ	保	11
ホ	歩	17
ボ	母	18
ホウ	報	5
ホウ	法	10
ホウ	放	15
ホウ	訪	19
ボウ	貿	7
ボウ	忘	14
ボウ	防	19
ほか	他	14
ほし	星	1
ほそい	細い	21

ま

読み方	漢字	回
ま	真	4
マイ	枚	15
まいる	参る	6
まがる	曲がる	19
まける	負ける	3
まげる	曲げる	19
マツ	末	15
まっか	真っ赤	4(特)
まっさお	真っ青	4(特)
まど	窓	1
まなぶ	学ぶ	3
まもる	守る	25
まる	丸	4
まるい	丸い	4
マン	満	13

み

読み方	漢字	回
ミ	未	12
みな	皆	1
みなと	港	16

む

読み方	漢字	回
ム	務	8
ム	夢	14
ム	無	25
むかう	向かう	16
むかえる	迎える	2
むかし	昔	1

読み方	漢字	回
むく	向く	16
むこう	向こう	16
むし	虫	1
むずかしい	難しい	4
むすぶ	結ぶ	6

め

読み方	漢字	回
メイ	明	15
メン	面	6

も

読み方	漢字	回
もうす	申す	3
モク	目	18
モツ	物	22
もっとも	最も	6
もの	者	4
モン	文	22

や

読み方	漢字	回
ヤク	役	8
ヤク	薬	11
ヤク	約	12
やさしい	優しい	9

ゆ

読み方	漢字	回
ユ	輸	7
ユ	油	9
ユ	由	23
ユウ	友	5
ユウ	優	9
ユウ	遊	16
ユウ	右	18
ユウ	郵	22
ユウ	由	23
ゆき	雪	1
ゆび	指	25
ゆめ	夢	14

よ

読み方	漢字	回
ヨ	予	11
ヨ	預	19
よ	夜	21
ヨウ	容	6
ヨウ	要	20
ヨウ	様	24
よこ	横	16

読み方	漢字	回
よごす	汚す	21
よごれる	汚れる	21
よぶ	呼ぶ	2
よろこぶ	喜ぶ	3

ら

読み方	漢字	回
ラク	絡	16
ラク	楽	22

り

読み方	漢字	回
リツ	立	10
リュウ	流	19
リュウ	留	25
リョウ	両	5
リョウ	量	19
リョク	力	5
リン	林	18

る

読み方	漢字	回
ル	留	25
ルイ	類	11

れ

読み方	漢字	回
レイ	礼	12
レイ	例	20
レキ	歴	13
レン	連	14
レン	練	17

ろ

読み方	漢字	回
ロ	路	15
ロウ	労	7
ロウ	老	12
ロン	論	6

わ

読み方	漢字	回
ワ	和	8
わかい	若い	4
わすれる	忘れる	14
わたす	渡す	2
わたる	渡る	2
わらう	笑う	2
わり	割	21
わる	割る	21
われる	割れる	21

著者
石井怜子
青柳方子
鈴木英子
髙木（小谷野）美穂
森田亮子　　　　IKOMA Language School
山崎洋子

執筆協力者
王亜茹　大野純子　木村典子　斎藤明子　塩田安佐　田川麻央　守屋和美　米原貴子

翻訳
LÊ LỆ THỦY（レー・レ・トゥイ）

装幀・本文デザイン
糟谷一穂

イラスト
山本和香

新完全マスター漢字　日本語能力試験Ｎ３
ベトナム語版

2015年4月10日　初版第1刷発行
2025年1月22日　第 7 刷 発 行

著　者　　石井怜子　青柳方子　鈴木英子　髙木美穂　森田亮子
　　　　　山崎洋子
発行者　　藤嵜政子
発　行　　株式会社スリーエーネットワーク
　　　　　〒102-0083　東京都千代田区麹町3丁目4番
　　　　　　　　　　　トラスティ麹町ビル2F
　　　　　電話　営業　03（5275）2722
　　　　　　　　編集　03（5275）2725
　　　　　https://www.3anet.co.jp/
印　刷　　倉敷印刷株式会社

ISBN978-4-88319-711-8　C0081
落丁・乱丁本はお取替えいたします。
本書の全部または一部を無断で複写複製（コピー）することは著作権法
上での例外を除き、禁じられています。

■ 新完全マスターシリーズ

●新完全マスター漢字
日本語能力試験N1
　1,320円(税込)〔ISBN978-4-88319-546-6〕
日本語能力試験N2（CD付）
　1,540円(税込)〔ISBN978-4-88319-547-3〕
日本語能力試験N3
　1,320円(税込)〔ISBN978-4-88319-688-3〕
日本語能力試験N3 ベトナム語版
　1,320円(税込)〔ISBN978-4-88319-711-8〕
日本語能力試験N4
　1,320円(税込)〔ISBN978-4-88319-780-4〕

●新完全マスター語彙
日本語能力試験N1
　1,320円(税込)〔ISBN978-4-88319-573-2〕
日本語能力試験N2
　1,320円(税込)〔ISBN978-4-88319-574-9〕
日本語能力試験N3
　1,320円(税込)〔ISBN978-4-88319-743-9〕
日本語能力試験N3 ベトナム語版
　1,320円(税込)〔ISBN978-4-88319-765-1〕
日本語能力試験N4
　1,320円(税込)〔ISBN978-4-88319-848-1〕

●新完全マスター読解
日本語能力試験N1
　1,540円(税込)〔ISBN978-4-88319-571-8〕
日本語能力試験N2
　1,540円(税込)〔ISBN978-4-88319-572-5〕
日本語能力試験N3
　1,540円(税込)〔ISBN978-4-88319-671-5〕
日本語能力試験N3 ベトナム語版
　1,540円(税込)〔ISBN978-4-88319-722-4〕
日本語能力試験N4
　1,320円(税込)〔ISBN978-4-88319-764-4〕

●新完全マスター単語
日本語能力試験N1 重要2200語
　1,760円(税込)〔ISBN978-4-88319-805-4〕
日本語能力試験N2 重要2200語
　1,760円(税込)〔ISBN978-4-88319-762-0〕

改訂版　日本語能力試験N3 重要1800語
　1,760円(税込)〔ISBN978-4-88319-887-0〕
日本語能力試験N4 重要1000語
　1,760円(税込)〔ISBN978-4-88319-905-1〕

●新完全マスター文法
日本語能力試験N1
　1,320円(税込)〔ISBN978-4-88319-564-0〕
日本語能力試験N2
　1,320円(税込)〔ISBN978-4-88319-565-7〕
日本語能力試験N3
　1,320円(税込)〔ISBN978-4-88319-610-4〕
日本語能力試験N3 ベトナム語版
　1,320円(税込)〔ISBN978-4-88319-717-0〕
日本語能力試験N4
　1,320円(税込)〔ISBN978-4-88319-694-4〕
日本語能力試験N4 ベトナム語版
　1,320円(税込)〔ISBN978-4-88319-725-5〕

●新完全マスター聴解
日本語能力試験N1（CD付）
　1,760円(税込)〔ISBN978-4-88319-566-4〕
日本語能力試験N2（CD付）
　1,760円(税込)〔ISBN978-4-88319-567-1〕
日本語能力試験N3（CD付）
　1,650円(税込)〔ISBN978-4-88319-609-8〕
日本語能力試験N3 ベトナム語版（CD付）
　1,650円(税込)〔ISBN978-4-88319-710-1〕
日本語能力試験N4（CD付）
　1,650円(税込)〔ISBN978-4-88319-763-7〕

■読解攻略！
日本語能力試験 N1 レベル
　1,540円(税込)〔ISBN978-4-88319-706-4〕

■日本語能力試験模擬テスト

CD付　各冊990円(税込)
改訂版はWEBから音声

●日本語能力試験N1 模擬テスト
〈1〉〔ISBN978-4-88319-556-5〕
〈2〉〔ISBN978-4-88319-575-6〕
〈3〉〔ISBN978-4-88319-631-9〕
〈4〉〔ISBN978-4-88319-652-4〕

●日本語能力試験N2 模擬テスト
〈1〉〔ISBN978-4-88319-557-2〕
〈2〉改訂版
　　〔ISBN978-4-88319-950-1〕
〈3〉〔ISBN978-4-88319-632-6〕
〈4〉〔ISBN978-4-88319-653-1〕

●日本語能力試験N3 模擬テスト
〈1〉〔ISBN978-4-88319-841-2〕
〈2〉〔ISBN978-4-88319-843-6〕

●日本語能力試験N4 模擬テスト
〈1〉〔ISBN978-4-88319-885-6〕
〈2〉〔ISBN978-4-88319-886-3〕

スリーエーネットワーク
ウェブサイトで新刊や日本語セミナーをご案内しております。
https://www.3anet.co.jp/

新完全マスター漢字 日本語能力試験 N3 ベトナム語版 別冊

漢字と言葉のリスト 3

N5・N4レベルの300字の漢字とその読み方 ... 28

解答 37

漢字と言葉のリスト

【漢字と言葉のリストの見方】

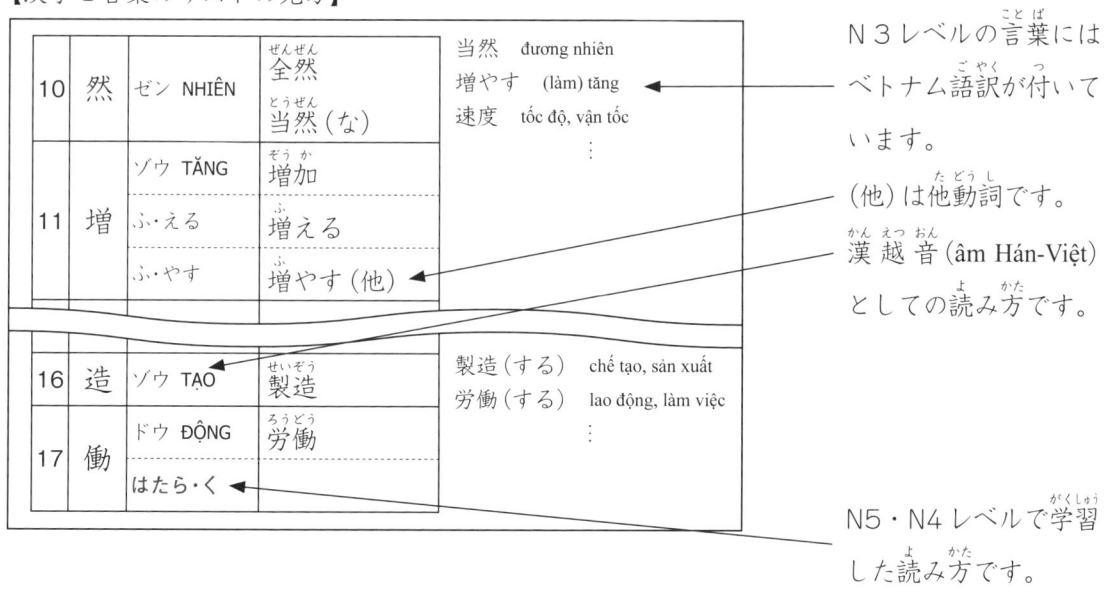

No.	漢字	読み方		言葉	
10	然	ゼン NHIÊN		全然 当然(な)	当然 đương nhiên 増やす (làm) tăng 速度 tốc độ, vận tốc
11	増	ゾウ TĂNG ふ・える ふ・やす		増加 増える 増やす(他)	
16	造	ゾウ TẠO		製造	製造(する) chế tạo, sản xuất 労働(する) lao động, làm việc
17	働	ドウ ĐỘNG はたら・く		労働	

N3レベルの言葉にはベトナム語訳が付いています。

(他)は他動詞です。

漢越音(âm Hán-Việt)としての読み方です。

N5・N4レベルで学習した読み方です。

第1部 一つの漢字で言葉になる漢字

第1回 訓読み：名詞

No.	漢字	読み方	言葉
1	辺	あたり	辺り
2	市	シ THỊ いち	市場
3	糸	いと	糸　毛糸
4	命	いのち	命
5	岩	いわ	岩
6	馬	うま	馬
7	貝	かい	貝
8	型	かた	型　大型 小型
9	語	ゴ NGỮ かた・る	物語
10	側	がわ	～側　外側
11	草	くさ	草
12	組	くみ	組　番組
13	雲	くも	雲

No.	漢字	読み方	言葉
14	毛	け	毛　毛糸
15	米	こめ	米
16	酒	さけ	(お)酒
17	玉	たま	玉
18	妻	つま	妻
19	寺	てら	寺
20	供	とも	子供
21	根	ね	根　屋根
22	葉	は	葉
23	畑	はたけ	畑
24	星	ほし	星
25	窓	まど	窓　窓口
26	皆	みな	皆　皆さん
27	昔	むかし	昔
28	虫	むし	虫
29	雪	ゆき	雪　大雪

辺り　xung quanh, khu
市場　chợ
毛糸　len, len sợi
命　sinh mạng, tính mạng
岩　đá
馬　ngựa
貝　nghêu sò
型　kiểu, đời
大型　cỡ lớn
小型　cỡ nhỏ
物語　câu chuyện, truyện kể
外側　phía bên ngoài
草　cỏ, thảo mộc
組　lớp
玉　hạt, viên, bi
根　rễ
屋根　mái, mái nhà
畑　ruộng, vườn
窓口　cửa sổ, đầu mối tiếp nhận
大雪　tuyết lớn

漢字と言葉のリスト　第1回 — 3

第2回　訓読み：動詞(1)

No.	漢字	読み方	言葉
1	打	う・つ	打つ(他)
2	押	お・す	押す(他) 押し入れ
		お・さえる	押さえる(他)
3	落	お・ちる	落ちる 落ち着く
		お・とす	落とす(他) 落とし物
4	折	お・る	折る(他)
		お・れる	折れる
5	比	くら・べる	比べる(他)
6	越	こ・す	乗り越す 引っ越し 引っ越す
		こ・える	越える
7	込	こ・む	込む
8	殺	ころ・す	殺す(他)
9	泣	な・く	泣く
10	投	な・げる	投げる(他)
11	並	なら・べる	並べる(他)
		なら・ぶ	並ぶ
12	払	はら・う	払う(他)
13	迎	むか・える	迎える(他)
14	呼	よ・ぶ	呼ぶ(他)
15	渡	わた・る	渡る
		わた・す	渡す(他)
16	笑	わら・う	笑う

打つ　đánh
押さえる　ấn, ngăn giữ
落ち着く　bình tĩnh, yên ả, ổn định
落とし物　đồ đánh rơi
折る　bẻ, gấp
折れる　gẫy, gập
比べる　so sánh
乗り越す　vượt qua
引っ越し(する)　chuyển nhà, chuyển địa điểm
越える　vượt
殺す　giết

第3回　訓読み：動詞（2）

No.	漢字	読み方	言葉
1	効	き・く	効く
2	困	こま・る	困る
3	助	たす・ける	助ける（他）
		たす・かる	助かる
4	付	つ・ける	付ける（他） 日付
		つ・く	付く 付き合う 気付く 近付く
5	続	つづ・く	続く　続き 手続き
		つづ・ける	続ける（他）
6	届	とど・ける	届ける（他） 届け
		とど・く	届く
7	泊	と・まる	泊まる
8	鳴	な・く	鳴く
		な・る	鳴る
9	逃	に・げる	逃げる
10	願	ねが・う	願う（他）
11	計	ケイ KẾ	
		はか・る	計る（他）
12	晴	は・れる	晴れる　晴れ
13	減	へ・る	減る
		へ・らす	減らす（他）
14	負	ま・ける	負ける
15	学	ガク HỌC	
		まな・ぶ	学ぶ（他）

No.	漢字	読み方	言葉
16	申	もう・す	申す（他） 申し上げる（他） 申し込み 申し込む（他）
17	喜	よろこ・ぶ	喜ぶ

効く　có tác dụng, hiệu nghiệm
助ける　giúp
助かる　(được) đỡ đần
付ける　gắn, đính, bật
日付　ngày
付く　bám, dính
付き合う　chơi với, quan hệ, yêu nhau, hò hẹn
気付く　để ý
近付く　tiến gần, tiếp cận
続き　tiếp theo, tiếp tục
手続き（する）　(làm) thủ tục
届け　đơn
届く　đến, được gửi tới
願う　mong muốn, cầu nguyện
計る　đo
減る　giảm
減らす　(làm) giảm
学ぶ　học
申し込み　đơn xin, lời xin
申し込む　làm đơn xin, xin

第4回　訓読み：形容詞など

No.	漢字	読み方	言葉
1	暖	あたた・かい	暖かい
		あたた・まる	暖まる
		あたた・める	暖める (他)
2	厚	あつ・い	厚い
3	忙	いそが・しい	忙しい
4	悲	かな・しい	悲しい
5	黄	き	黄色　黄色い
6	静	しず・か	静か (な)
7	涼	すず・しい	涼しい
8	久	ひさ・しい	久しぶり (な)
9	真	シン CHÂN	
		ま	真っ暗 (な)
10	全	ゼン TOÀN	
		まった・く	
		すべ・て	全て
11	丸	まる	丸
		まる・い	丸い
12	難	むずか・しい	難しい
13	者	シャ GIẢ	
		もの	若者
14	若	わか・い	若い　若者

暖まる　(được làm) ấm
暖める　sưởi ấm, làm ấm
真っ暗　tối đen, tối mịt
全て　tất cả
丸　tròn
若者　thanh niên, người trẻ tuổi

第2部 たくさんの言葉を作る漢字
第5回 たくさんの言葉を作る漢字：音読み

No.	漢字	読み方	言葉
1	各	カク CÁC	各〜
2	感	カン CẢM	感情　感じる(他)　感心　感動
3	記	キ KÝ	記事　記者　記入　日記
4	期	キ KỲ	期間　学期　時期
5	具	グ CỤ	具合　具体的な　家具　道具
6	実	ジツ THẬT	実験　実は　実力　事実
7	女	ジョ NỮ / おんな	女性　長女
8	情	ジョウ TÌNH	情報　感情　事情　友情
9	信	シン TÍN	信号　信じる(他)　信用　自信　返信
10	性	セイ TÍNH	性質　性別　女性　男性
11	製	セイ CHẾ	〜製　製品
12	線	セン TUYẾN	線　下線　電線
13	第	ダイ ĐỆ	第〜
14	男	ダン NAM / おとこ	男性
15	的	テキ ĐÍCH	〜的　具体的(な)
16	費	ヒ PHÍ	費用　会費　学費
17	副	フク PHÓ	副〜
18	報	ホウ BÁO	情報　注意報　電報
19	友	ユウ HỮU	友情　友人　親友
20	両	リョウ LƯỠNG	両〜　両側　両親　両方
21	力	リョク LỰC / ちから	学力　実力　全力　体力

各〜　các 〜, mỗi 〜
感情　cảm xúc, tình cảm
感じる　cảm nhận, cảm thấy
感心(する)　cảm phục
感動(する)　cảm động
記事　bài báo
記者　phóng viên
記入(する)　ghi chép
期間　thời gian, thời kỳ
学期　học kỳ
時期　thời gian, mùa
具体的　cụ thể
家具　đồ dùng gia đình
実験(する)　(làm) thực nghiệm
実は　thực ra, sự thực là
実力　thực lực
事実　sự thực
長女　con gái lớn, trưởng nữ
情報　thông tin
事情　tình hình, sự tình
友情　tình bạn
信号　tín hiệu
信じる　tin

信用(する)　tin cậy
自信　tự tin
返信(する)　trả lời
性質　tính chất, tính cách
性別　giới tính
製品　sản phẩm
下線　đường gạch dưới, đường gạch chân
電線　đường điện
第〜　thứ 〜 (đứng trước số từ chỉ thứ tự)
〜的　mang tính 〜, một cách 〜 (đi sau danh từ để biến danh từ thành tính từ)
費用　chi phí
会費　hội phí
学費　học phí
副〜　phó 〜
注意報　cảnh báo thời tiết
友人　bạn
親友　bạn thân
両〜　hai 〜
両側　hai bên
学力　học lực
全力　tất cả sức lực, toàn lực
体力　thể lực

第6回　たくさんの言葉を作る漢字：音読みと訓読み

No.	漢字	読み方	言葉
1	案	アン ÁN	案内
2	温	オン ÔN	温度　温度計　気温　体温　体温計
		あたた・かい	温かい
		あたた・まる	温まる
		あたた・める	温める (他)
3	加	カ GIA	参加　増加　追加
		くわ・える	加える (他)
4	果	カ QUẢ	結果
5	決	ケツ QUYẾT	決して　決心
		き・める	決める (他)
		き・まる	決まる
6	結	ケツ KẾT	結果　結婚　結論
		むす・ぶ	結ぶ (他)
7	婚	コン HÔN	結婚
8	最	サイ TỐI	最近　最後　最高　最大
		もっと・も	最も
9	参	サン THAM	参加
		まい・る	参る
10	然	ゼン NHIÊN	全然　当然 (な)
11	増	ゾウ TĂNG	増加
		ふ・える	増える
		ふ・やす	増やす (他)

No.	漢字	読み方	言葉
12	速	ソク TỐC	速度　時速　風速
		はや・い	速い
13	追	ツイ TRUY	追加
		お・う	追う (他)　追い越す　追い付く
14	当	トウ ĐƯƠNG	当然 (な)　当番　本当
		あ・たる	当たる　日当たり
		あ・てる	当てる (他)
15	内	ナイ NỘI	内科　内容　案内　以内　家内
		うち	内側
16	表	ヒョウ BIỂU	表　表面　代表　発表
		おもて	表
17	面	メン DIỆN	正面　場面　表面　方面
		おも	面白い
18	容	ヨウ DUNG	内容
19	論	ロン LUẬN	結論

温度計　nhiệt kế (đo nhiệt độ không khí)
気温　nhiệt độ (không khí)
体温　nhiệt độ (cơ thể)
体温計　nhiệt kế (đo nhiệt độ cơ thể)
温まる　(được làm) nóng
温める　làm nóng
参加 (する)　tham gia
増加 (する)　tăng, gia tăng
追加 (する)　thêm
加える　thêm
結果　kết quả
決心 (する)　quyết tâm
結論　kết luận
結ぶ　nối
最高　cao nhất, tốt nhất
最大　lớn nhất
当然　đương nhiên
増やす　(làm) tăng
速度　tốc độ, vận tốc
時速　vận tốc trên giờ
風速　tốc độ gió, vận tốc gió
追う　đuổi theo
追い越す　vượt, đuổi vượt
追い付く　đuổi kịp
当番　đến lượt, đến ca
当たる　trúng, bị đánh trúng
日当たり　ánh nắng, ánh sáng
当てる　đánh trúng
内科　nội khoa
内容　nội dung
内側　phía bên trong
表　bảng, biểu
表面　mặt ngoài, bề ngoài
代表 (する)　đại diện, thay mặt
発表 (する)　phát biểu
正面　mặt chính, mặt tiền
場面　hoàn cảnh, tình huống
方面　hướng

第3部　場面の言葉を作る漢字
第7回　政治・経済・社会（1）

No.	漢字	読み方	言葉
1	営	エイ DOANH	営業
2	易	エキ DỊCH	貿易
3	課	カ KHÓA	課長
4	械	カイ GIỚI	機械
5	管	カン QUẢN	管理
6	機	キ CƠ	機会　機械
7	技	ギ KỸ	技術　特技
8	建	ケン KIẾN た・てる た・つ	建設
9	原	ゲン NGUYÊN	原料
10	広	コウ QUẢNG ひろ・い	広告
11	告	コク CÁO	広告　報告
12	術	ジュツ THUẬT	技術　手術
13	商	ショウ THƯƠNG	商業　商店　商品
14	職	ショク CHỨC	職業　職場
15	設	セツ THIẾT	建設
16	造	ゾウ TẠO	製造
17	働	ドウ ĐỘNG はたら・く	労働
18	農	ノウ NÔNG	農業
19	貿	ボウ MẬU	貿易
20	輸	ユ THÂU	輸出　輸入
21	労	ロウ LAO	労働

営業（する）　kinh doanh
管理（する）　quản lý
特技　　　　　kỹ năng đặc biệt
建設（する）　xây dựng
原料　　　　　nguyên liệu
広告（する）　quảng cáo
報告（する）　báo cáo
手術（する）　phẫu thuật
商業　　　　　thương nghiệp
商店　　　　　cửa hàng
商品　　　　　sản phẩm, hàng
職業　　　　　nghề, nghề nghiệp
職場　　　　　nơi làm việc
製造（する）　chế tạo, sản xuất
労働（する）　lao động, làm việc
農業　　　　　nông nghiệp

第8回　政治・経済・社会（2）

No.	漢字	読み方	言葉
1	完	カン HOÀN	完成　完全（な）
2	基	キ CƠ	基本
3	議	ギ NGHỊ	会議　会議室
4	共	キョウ CỘNG	共通
5	協	キョウ HIỆP	協力
6	件	ケン KIỆN	事件　条件
7	権	ケン QUYỀN	権利
8	限	ゲン HẠN	期限　制限
9	公	コウ CÔNG	公園　公務員
10	際	サイ TẾ	交際　国際　国際的（な）　実際
11	条	ジョウ ĐIỀU	条件
12	臣	ジン THẦN	総理大臣　大臣
13	成	セイ THÀNH	成人　成長　完成
14	制	セイ CHẾ	制限　制度　制服
15	政	セイ CHÍNH	政府
16	税	ゼイ THUẾ	税金
17	総	ソウ TỔNG	総理大臣
18	団	ダン ĐOÀN	団体　団地
19	府	フ PHỦ	政府
20	平	ヘイ BÌNH	平和（な）
21	務	ム VỤ	公務員　事務　事務所
22	役	ヤク DỊCH	役に立つ　役所　役立つ
23	和	ワ HÒA	和室　平和（な）

完成（する）　hoàn thành
完全　hoàn toàn
基本　cơ bản
共通　chung, giống nhau
協力（する）　hợp tác
事件　vụ, sự kiện
条件　điều kiện
権利　quyền lợi
期限　kỳ hạn
制限（する）　hạn chế
交際（する）　quan hệ, giao tiếp
国際的　(mang tính) quốc tế
実際　thực tế, sự thực
総理大臣　thủ tướng
大臣　bộ trưởng
成人　người trưởng thành
成長（する）　trưởng thành, lớn lên, phát triển
制度　cơ chế, chế độ
制服　đồng phục
政府　chính phủ
税金　tiền thuế
団体　tổ chức, đoàn thể
団地　khu tập thể
平和　hòa bình
事務　công việc văn phòng, công việc hành chính
役所　cơ quan nhà nước
役立つ　có ích
和室　phòng kiểu Nhật

第9回 政治・経済・社会（3）

No.	漢字	読み方	言葉
1	価	カ GIÁ	価値　物価
2	経	ケイ KINH	経営　経験　経済　経済的（な）
3	現	ゲン HIỆN	現金　現在　現代
		あらわ・れる	現れる
		あらわ・す	現す（他）
4	済	サイ TẾ	経済　経済的（な）
		す・む	済む
5	在	ザイ TẠI	現在
6	治	ジ TRỊ	政治
		なお・る	治る
		なお・す	治す（他）
7	勝	ショウ THẮNG	優勝
		か・つ	勝つ　勝手（な）
8	石	セキ THẠCH	石油
		いし	石
9	戦	セン CHIẾN	戦争
		たたか・う	戦う
10	選	セン TUYỂN	選手
		えら・ぶ	選ぶ（他）
11	争	ソウ TRANH	戦争
12	段	ダン ĐOẠN	段ボール　値段
13	値	チ TRỊ	価値
		ね	値上がり　値段
14	油	ユ DU	しょう油　石油
		あぶら	油
15	優	ユウ ƯU	優勝　女優
		やさ・しい	優しい

価値　giá trị
物価　giá cả
経営（する）　kinh doanh, quản lý
経済的　(mang tính) kinh tế
現金　tiền mặt
現在　hiện tại, hiện nay
現代　hiện đại
現れる　xuất hiện
現す　thể hiện
治る　khỏi
優勝（する）　thắng, về nhất
勝手　tự tiện, tự ý
石油　dầu mỏ
戦う　đấu, chiến đấu, đấu tranh
選手　vận động viên
選ぶ　chọn
段ボール　bìa các tông, thùng các tông
値上がり（する）　tăng giá
油　dầu, mỡ
女優　nữ diễn viên

第10回　教育・文化・生活（1）

No.	漢字	読み方	言葉
1	解	カイ GIẢI	解決　解説　解答　理解
2	格	カク CÁCH	合格　資格　性格
3	簡	カン ĐƠN	簡単（な）
4	芸	ゲイ NGHỆ	芸術
5	欠	ケツ KHUYẾT	欠席　欠点
6	雑	ザツ TẠP	雑誌
7	私	シ TƯ / わたくし / わたし	私立
8	資	シ TƯ	資格　資料
9	誌	シ CHÍ	雑誌
10	辞	ジ TỪ	辞書
11	授	ジュ THỤ, THỌ	授業　教授
12	宿	シュク TÚC	宿題
13	席	セキ TỊCH	席　欠席　出席
14	卒	ソツ TỐT	卒業
15	単	タン GIẢN	単語　簡単（な）
16	短	タン ĐOẢN / みじか・い	短期大学　短所
17	点	テン ĐIỂM	点　点線　欠点
18	答	トウ ĐÁP / こた・える / こた・え	解答
19	等	トウ ĐẲNG	高等学校
20	法	ホウ PHÁP	文法　方法
21	立	リツ LẬP / た・つ / た・てる	公立　国立　私立

解決（する）　giải quyết
解説（する）　giải thích
解答（する）　trả lời
理解（する）　hiểu
合格（する）　đỗ
資格　chứng chỉ, bằng cấp, tư cách
性格　tính cách
芸術　nghệ thuật
欠席（する）　vắng mặt
欠点　khuyết điểm
私立　tư lập, tư thục
資料　tài liệu
教授　giáo sư
単語　từ
短期大学　trường cao đẳng
短所　sở đoản, điểm yếu
点線　dòng dấu chấm
方法　phương pháp
公立　công lập
国立　quốc lập

第11回　教育・文化・生活（2）

No.	漢字	読み方	言葉
1	絵	エ HỘI	絵　絵の具
2	階	カイ GIAI	～階　階段
3	活	カツ HOẠT	活動　生活
4	器	キ KHÍ	楽器　食器
5	球	キュウ CẦU	地球　電球
6	給	キュウ CẤP	給食　給料
7	局	キョク CỤC	結局　薬局
8	財	ザイ TÀI	財産
9	算	サン TOÁN	計算　足し算　引き算　予算
10	支	シ CHI	支出　支店　支払い　支払う（他）
11	収	シュウ THU	収入
12	修	シュウ TU	修理　研修
13	常	ジョウ THƯỜNG	非常口　非常に
14	早	ソウ TÁO / はや・い	早退
15	退	タイ THOÁI	退院　早退
16	宅	タク TRẠCH	お宅　住宅
17	非	ヒ PHI	非常口　非常に
18	保	ホ BẢO	保険
19	薬	ヤク DƯỢC / くすり	薬局
20	予	ヨ DỰ	予算　予報　天気予報
21	類	ルイ LOẠI	書類

絵の具　　màu vẽ
活動（する）　hoạt động
楽器　　nhạc cụ
食器　　bát đĩa
地球　　trái đất
電球　　bóng điện
給食　　bữa ăn ở trường học
給料　　lương
結局　　kết cục, cuối cùng
薬局　　hiệu thuốc
財産　　tài sản
計算（する）　tính toán
足し算（する）　tính cộng
引き算（する）　tính trừ
予算　　ngân sách, dự toán
支出　　chi, chi trả
支店　　chi nhánh
支払い　chi trả, thanh toán
支払う　thanh toán
収入　　thu nhập
修理（する）　sửa chữa
研修（する）　tập huấn
非常口　cửa thoát hiểm
早退（する）　rời sớm, về sớm
住宅　　nhà ở
保険　　bảo hiểm
予報（する）　dự báo
書類　　văn bản, giấy tờ, hồ sơ

第12回　教育・文化・生活（3）

No.	漢字	読み方	言葉
1	因	イン NHÂN	原因
2	王	オウ VƯƠNG	王　国王　女王
3	介	カイ GIỚI	紹介
4	司	シ TƯ, TY	司会
5	師	シ SƯ	医師　教師
6	式	シキ THỨC	～式
7	失	シツ THẤT	失業　失敗　失礼（な）
8	準	ジュン CHUẨN	準備
9	紹	ショウ THIỆU	紹介
10	身	シン THÂN	身長　出身
11	束	ソク THÚC	約束
12	達	タツ ĐẠT	速達　発達
13	念	ネン NIỆM	記念
14	敗	ハイ BẠI	失敗
15	備	ビ BỊ	準備
16	婦	フ PHỤ	産婦人科　主婦
17	普	フ PHỔ	普通
18	未	ミ VỊ	未来
19	約	ヤク ƯỚC	約　約束　予約
20	礼	レイ LỄ	（お）礼　失礼（な）
21	老	ロウ LÃO	老人

原因　nguyên nhân
王　vua
国王　vua, quốc vương
女王　nữ hoàng
司会（する）　dẫn chương trình
医師　bác sỹ
教師　giáo viên
失業（する）　thất nghiệp
身長　chiều cao
出身　xuất thân
速達　chuyển phát nhanh
発達（する）　phát triển
記念（する）　kỷ niệm
産婦人科　khoa phụ sản
主婦　nội trợ
未来　tương lai
約　khoảng
老人　người già

第13回 教育・文化・生活（4）

No.	漢字	読み方	言葉
1	愛	アイ ÁI	愛　愛情
2	化	カ HÓA	化学　文化
3	可	カ KHẢ	可能（な）
4	疑	ギ NGHI	疑問
5	検	ケン KIỂM	検査
6	査	サ TRA	検査
7	才	サイ TÀI	～才　才能　天才
8	史	シ SỬ	歴史
9	省	セイ TỈNH	反省
10	責	セキ TRÁCH	責任
11	想	ソウ TƯỞNG	感想　予想　理想
12	足	ソク TÚC／あし／た・りる／た・す	不足　満足（な）
13	存	ゾン TỒN	ご存じ　保存
14	対	タイ ĐỐI	対　反対
15	読	ドク ĐỘC／よ・む	読書
16	任	ニン NHIỆM	責任
17	能	ノウ NĂNG	能力　可能（な）　才能
18	反	ハン PHẢN	反省　反対
19	満	マン MÃN	満員　満足（な）　不満（な）
20	歴	レキ LỊCH	歴史　学歴

愛　tình yêu
愛情　tình yêu, lòng yêu thương
化学　hóa học
可能　khả năng
疑問　nghi vấn, thắc mắc
検査（する）　kiểm tra, xét nghiệm
才能　tài năng
天才　thiên tài, tài năng bẩm sinh
反省（する）　rút kinh nghiệm
責任　trách nhiệm
感想　cảm tưởng
予想（する）　dự đoán
理想　lý tưởng
不足（する）　bị thiếu
満足（する）　hài lòng
保存（する）　lưu, bảo quản
対　tỉ số
読書　đọc
能力　năng lực
満員　hết chỗ, đông chật chỗ
不満　bất mãn, không hài lòng
学歴　học lịch

第14回　教育・文化・生活（5）

No.	漢字	読み方	言葉
1	関	カン QUAN	関係　関心　関連　交通機関　税関
2	休	キュウ HƯU / やす・む	連休
3	勤	キン CẦN / つと・める	出勤　通勤　勤める
4	君	クン QUÂN / きみ	〜君　君
5	係	ケイ HỆ / かかり	関係　係
6	血	ケツ HUYẾT / ち	出血　血
7	幸	コウ HẠNH / しあわ・せ	幸福(な)　不幸(な)　幸せ(な)
8	香	コウ HƯƠNG / かお・り	香水　香り
9	歯	シ XỈ / は	歯科　歯　歯医者　虫歯
10	接	セツ TIẾP	直接　面接
11	他	タ THA / ほか	他人　他　その他
12	直	チョク TRỰC / なお・す / なお・る	直接　直線　直す(他)　見直す(他)　直る
13	庭	テイ VIÊN / にわ	家庭　庭
14	夫	フウ PHU / おっと	夫婦　夫
15	福	フク PHÚC	幸福(な)
16	忘	ボウ VONG / わす・れる	忘年会　忘れる(他)　忘れ物
17	夢	ム MỘNG / ゆめ	夢中(な)　夢
18	連	レン LIÊN / つ・れる	連休　関連　連れる(他)

関心　quan tâm
関連(する)　liên quan đến
交通機関　phương tiện giao thông
税関　hải quan
連休　ngày nghỉ dài
出勤(する)　đi làm
通勤(する)　đi làm, đi đến nơi làm việc
係　người phụ trách
出血(する)　chảy máu, xuất huyết
幸福　hạnh phúc
不幸　bất hạnh
幸せ　hạnh phúc
香水　nước hoa
香り　mùi hương, hương thơm
歯科　nha khoa
虫歯　răng sâu
直接　trực tiếp
面接(する)　phỏng vấn
他人　người khác
その他　khác
直線　trực tuyến, đường thẳng
見直す　xem xét lại, chỉnh sửa
夫婦　vợ chồng
忘年会　liên hoan cuối năm
夢中　say sưa

第15回　交通・旅行（1）

No.	漢字	読み方	言葉
1	遠	エン VIỄN / とお・い	遠足
2	央	オウ ƯƠNG	中央
3	億	オク ỨC	億
4	観	カン QUAN	観客　観光 / 客観的（な）
5	客	キャク KHÁCH	客 / 客観的（な） / 観客
6	故	コ CỐ	交通事故 / 事故
7	個	コ CÁ	〜個　個人 / 個性
8	光	コウ QUANG / ひか・る / ひかり	観光
9	航	コウ HÀNG	航空機
10	証	ショウ CHỨNG	証明書
11	送	ソウ TỐNG / おく・る	送信　送別会 / 送料　放送
12	鉄	テツ THIẾT	鉄　鉄道 / 私鉄　地下鉄
13	倍	バイ BỘI	倍
14	秒	ビョウ MIỂU	秒
15	放	ホウ PHÓNG	放送
16	枚	マイ MAI	〜枚
17	末	マツ MẠT	月末　週末
18	明	メイ MINH / あか・るい	説明　発明
19	路	ロ LỘ	高速道路 / 線路　道路

遠足　đi dã ngoại
中央　trung tâm, trung ương
観客　khách xem
観光　du lịch
客観的　(mang tính) khách quan
交通事故　tai nạn giao thông
個人　cá nhân
個性　cá tính
航空機　phi cơ, thiết bị bay
証明書　chứng minh thư, bằng chứng nhận
送信（する）　gửi, truyền (tin, tín hiệu)
送別会　liên hoan chia tay
送料　cước gửi
鉄　sắt
鉄道　đường sắt
私鉄　đường sắt tư nhân
月末　cuối tháng
週末　cuối tuần
発明（する）　phát minh
高速道路　đường cao tốc
線路　đường ray, đường tàu
道路　đường, đường bộ

第16回　交通・旅行（2）

No.	漢字	読み方	言葉
1	位	イ VỊ	位置
2	泳	エイ VỊNH	水泳
		およ・ぐ	泳ぐ
3	横	オウ HOÀNH	横断
		よこ	横
4	過	カ QUÁ	通過
		す・ぎる	過ぎる　〜過ぎ　〜過ぎる
		す・ごす	過ごす（他）
5	角	カク GIÁC	四角い　方角
		かど	角
6	向	コウ HƯỚNG	方向
		む・く	向く　向き
		む・かう	向かう　向かい
		む・こう	向こう
7	港	コウ CẢNG	空港
		みなと	港
8	差	サ SAI	交差点　時差
		さ・す	差し上げる（他）
9	座	ザ TỌA	座席
		すわ・る	座る
10	山	サン SƠN	火山　登山
		やま	
11	船	セン THUYỀN	風船
		ふね	船
12	断	ダン ĐOẠN	断水　横断
		ことわ・る	断る（他）

No.	漢字	読み方	言葉
13	置	チ TRÍ	位置
		お・く	置く（他）　物置
14	登	ト ĐĂNG	登山
		のぼ・る	登る
15	島	トウ ĐẢO	半島
		しま	島
16	波	ハ BA	電波
		なみ	波
17	飛	ヒ PHI	飛行機　飛行場
		と・ぶ	飛ぶ
18	美	ビ MỸ	美術　美術館
		うつく・しい	美しい
19	遊	ユウ DU	遊園地
		あそ・ぶ	遊ぶ　遊び
20	絡	ラク LẠC	連絡

位置　vị trí
横断（する）　đi ngang qua
通過（する）　đi qua
過ごす　sống, trải qua, tiêu thời gian
四角い　vuông góc
方角　hướng
方向　phương hướng
向く　hướng về, trông ra
向き　hướng về, trông ra
向かい　đối diện
時差　chênh lệch múi giờ
座席　chỗ ngồi
火山　núi lửa
登山（する）　leo núi
風船　bóng bay
断水（する）　cắt nước
断る　từ chối
物置　tủ đựng đồ ngoài trời
半島　bán đảo
電波　sóng (điện)
波　sóng
美術　mỹ thuật
遊園地　khu vui chơi, công viên giải trí

第4部　音読みと訓読みを覚える漢字
第17回　新しく音読みを覚える漢字：動詞

No.	漢字	読み方	言葉
1	歌	カ CA	歌手
		うた	
		うた・う	
2	開	カイ KHAI	開会　開始
		ひら・く	
		あ・く	
		あ・ける	
3	帰	キ QUY	帰国　帰宅
		かえ・る	
		かえ・す	
4	禁	キン CẤM	禁止
5	考	コウ KHẢO	参考
		かんが・える	
6	止	シ CHỈ	禁止　中止
		と・まる	
		と・める	
7	始	シ THỦY	開始
		はじ・める	
		はじ・まる	
8	思	シ TƯ	不思議（な）
		おも・う	
9	習	シュウ TẬP	学習　自習　実習　復習　予習　練習
		なら・う	
10	集	シュウ TẬP	集会　集金　集合　集中
		あつ・まる	
		あつ・める	

No.	漢字	読み方	言葉
11	進	シン TIẾN	進学　進歩　前進
		すす・む	
		すす・める	
12	寝	シン TẨM	寝室
		ね・る	
13	洗	セン TẨY	洗面所
		あら・う	
14	待	タイ ĐÃI	期待
		ま・つ	
15	売	バイ MÃI	売店　特売　発売
		う・る	
16	復	フク PHỤC	復習
17	歩	ホ BỘ	歩道　横断歩道　進歩
		ある・く	
18	練	レン LUYỆN	練習

歌手　ca sĩ
開会（する）　khai mạc
開始（する）　bắt đầu
帰国（する）　về nước
帰宅（する）　về nhà
禁止（する）　cấm
参考　tham khảo
不思議　kỳ lạ, khác thường
学習（する）　học tập
自習（する）　tự học
実習（する）　thực tập
予習（する）　học trước
集会　hội họp
集金（する）　thu tiền, gom tiền
集合（する）　tập trung, tập hợp
集中（する）　tập trung
進学（する）　học lên
進歩（する）　tiến bộ
前進（する）　tiến lên phía trước
寝室　phòng ngủ
洗面所　phòng tắm, bồn rửa
期待（する）　hy vọng
売店　cửa hàng
特売（する）　khuyến mãi
発売（する）　bán ra
歩道　vỉa hè
横断歩道　đường đi bộ qua đường

第18回　新しく音読みを覚える漢字：名詞や形容詞

No.	漢字	読み方	言葉
1	海	カイ HẢI / うみ	海外
2	左	サ TẢ / ひだり	左右
3	紙	シ CHỈ / かみ	表紙　用紙
4	次	ジ THỨ / つぎ	次女　目次
5	首	シュ THỦ / くび	首都
6	少	ショウ THIẾU / すく・ない / すこ・し	少女　少々　少年
7	色	ショク SẮC / いろ	特色
8	森	シン SÂM / もり	森林
9	青	セイ THANH / あお	青年
10	池	チ TRÌ / いけ	電池
11	昼	チュウ TRÚ / ひる	昼食
12	朝	チョウ TRIỀU / あさ	朝食
13	低	テイ ĐÊ / ひく・い	低下　最低（な）
14	同	ドウ ĐỒNG / おな・じ	同時
15	父	フ PHỤ / ちち	父母
16	母	ボ MẪU / はは	父母
17	目	モク MỤC / め	目次　目的　科目　注目
18	右	ユウ HỮU / みぎ	左右
19	林	リン LÂM / はやし	森林

海外	hải ngoại, nước ngoài
左右	bên trái và bên phải
表紙	trang bìa
用紙	giấy, mẫu giấy
次女	con gái thứ
目次	mục lục
首都	thủ đô
少女	cô bé, thiếu nữ
少々	một chút
少年	cậu bé, thiếu niên
特色	đặc sắc
森林	rừng
青年	thanh niên
電池	pin
昼食	bữa trưa
朝食	bữa sáng
低下（する）	giảm
最低	thấp nhất, tồi tệ
同時	cùng thời gian
父母	bố mẹ
目的	mục đích
科目	môn học
注目（する）	gây sự chú ý

第19回　音読みと訓読みを覚える新しい漢字：動詞

No.	漢字	読み方	言葉
1	移	イ DI	移動
		うつ・る	移る
		うつ・す	移す（他）
2	違	イ DỊ	違反
		ちが・う	違う　違い　間違い　間違う（自・他）
		ちが・える	間違える（他）
3	育	イク DỤC	教育　体育　保育所
		そだ・つ	育つ
		そだ・てる	育てる（他）
4	慣	カン QUÁN	習慣
		な・れる	慣れる
5	曲	キョク KHÚC	曲　曲線　作曲
		ま・がる	曲がる
		ま・げる	曲げる（他）
6	残	ザン TÀN	残業　残念（な）
		のこ・る	残る
		のこ・す	残す（他）
7	受	ジュ THỤ, THỌ	受験　受信
		う・ける	受ける（他）　受付　受け付ける（他）　受け取る（他）　引き受ける（他）
		う・かる	受かる
8	植	ショク THỰC	植物
		う・える	植える（他）
9	震	シン CHẤN	震度　地震
		ふる・える	震える
10	地	チ ĐỊA	
		ジ ĐỊA	地震　地味（な）
11	調	チョウ ĐIỀU	調査　調味料
		しら・べる	調べる（他）
12	配	ハイ PHỐI	配達　心配（な）
		くば・る	配る（他）
13	変	ヘン BIẾN	変（な）　変化
		か・わる	変わる
		か・える	変える（他）
14	訪	ホウ PHỎNG, PHÓNG	訪問
		たず・ねる	訪ねる（他）
15	防	ボウ PHÒNG	防止　予防
		ふせ・ぐ	防ぐ（他）
16	預	ヨ DỰ	預金
		あず・ける	預ける（他）
		あず・かる	預かる（他）
17	流	リュウ LƯU	流行　交流
		なが・れる	流れる
		なが・す	流す（他）
18	量	リョウ LƯỢNG	量　大量
		はか・る	量る（他）

移動（する）　di chuyển
移す　di chuyển, chuyển
違反（する）　vi phạm
違い　khác
間違い　nhầm, sai
間違う　nhầm, sai
体育　môn thể dục
保育所　nhà giữ trẻ
育つ　lớn lên
育てる　nuôi nấng, chăm sóc
曲　ca khúc
曲線　đường cong
作曲（する）　sáng tác nhạc, sáng tác bài hát

曲げる　uốn cong, bẻ cong
残業（する）　làm thêm ngoài giờ
残す　để lại
受験（する）　dự thi
受信（する）　nhận, thu (tin, tín hiệu)
受け付ける　đón tiếp
受け取る　nhận, tiếp nhận
引き受ける　nhận, đảm nhận
受かる　đỗ
植物　thực vật, cây cối
震度　cường độ động đất
震える　rung, run rẩy
地味　trơn, một màu, giản dị
調査（する）　điều tra, khảo sát
調味料　gia vị
配達（する）　chuyển phát
変化（する）　thay đổi
訪問（する）　đến thăm
防止（する）　phòng chống
予防（する）　dự phòng
防ぐ　phòng, đề phòng, phòng chống
預金（する）　gửi tiết kiệm
預ける　gửi
預かる　giữ hộ
流行（する）　thịnh hành
交流（する）　giao lưu
流れる　chảy
流す　giội, cho chảy
量　lượng, số lượng
大量　lượng lớn
量る　đo, cân

第20回 音読みと訓読みを覚える新しい漢字：名詞や形容詞

No.	漢字	読み方	言葉
1	確	カク XÁC	確実（な）
			正確（な）
		たし・か	確か（な）
		たし・かめる	確かめる（他）
2	求	キュウ CẦU	要求
3	級	キュウ CẤP	初級
4	橋	キョウ KIỀU	歩道橋
		はし	橋
5	種	シュ CHỦNG	種類
		たね	種
6	初	ショ SƠ	初級　最初
		はじ・め	初め
		はじ・めて	初めて
7	正	セイ CHÍNH	正確（な）
		ショウ CHÍNH	
		ただ・しい	
8	深	シン THÂM	深夜
		ふか・い	深い
9	頭	ズ ĐẦU	頭痛
		あたま	
10	痛	ツウ THỐNG	頭痛
		いた・い	痛い
11	熱	ネツ NHIỆT	熱　熱心（な）
			平熱
		あつ・い	熱い
12	必	ヒツ TẤT	必要（な）
		かなら・ず	必ず
13	要	ヨウ YẾU	要求
			必要（な）
		い・る	要る
14	例	レイ LỆ	例　例外
		たと・える	例えば

確実　xác thực
正確　chính xác
確かめる　xác nhận
要求（する）　yêu cầu
初級　sơ cấp
歩道橋　cầu đi bộ qua đường
種類　loại, chủng loại
種　hạt
初め　đầu tiên
深夜　đêm khuya
頭痛　đau đầu
平熱　nhiệt độ thường
例　ví dụ
例外　ngoại lệ

第5部 たくさんの読み方がある漢字
第21回 二つ以上の訓読みを覚える漢字

No.	漢字	読み方	言葉
1	遅	おく・れる	遅れる
		おそ・い	遅い
2	覚	おぼ・える	覚える (他)
		さ・ます	覚ます (他)
		さ・める	覚める
3	降	お・りる	降りる
		ふ・る	降る
4	空	クウ KHÔNG	
		そら	
		あ・く	
		あ・ける	
		から	空
5	彼	かれ	彼
		かの	彼女
6	転	テン CHUYỂN	
		ころ・がる	転がる
		ころ・がす	転がす (他)
		ころ・ぶ	転ぶ
7	冷	つめ・たい	冷たい
		ひ・える	冷える
		ひ・やす	冷やす (他)
		さ・める	冷める
		さ・ます	冷ます (他)
8	閉	と・じる	閉じる (他)
		し・める	閉める (他)
		し・まる	閉まる

No.	漢字	読み方	言葉
9	上	ジョウ THƯỢNG	
		うえ	
		うわ	
		あ・げる	
		あ・がる	
		のぼ・る	上り
10	生	セイ SINH	
		い・きる	
		うま・れる	
		は・える	生える
		なま	生
11	細	ほそ・い	細い 細長い
		こま・かい	細かい
12	夜	ヤ DẠ	
		よ	夜中
		よる	
13	汚	よ・ごす	汚す (他)
		よご・れる	汚れる
		きたな・い	汚い
14	割	わ・る	割る (他)
			割り算
		わり	割合 割引
			学割
		わ・れる	割れる

覚ます　tỉnh dậy
覚める　tỉnh dậy
空　trống
転がる　lăn, ngã, đổ
転がす　lăn, quật đổ
転ぶ　ngã, vấp ngã
冷やす　làm lạnh, làm nguội, làm mát
冷める　lạnh, nguội
冷ます　làm lạnh, giảm nhiệt
閉じる　đóng, khép, nhắm (mắt)
上り　(tàu) lên thủ đô
生える　mọc
生　sống
細長い　nhỏ dài, thuôn
細かい　chi tiết, tỉ mỉ
夜中　giữa đêm
汚す　làm bẩn
割　đập vỡ, chia
割り算　phép tính chia
割合　tỉ lệ
割引（する）　giảm giá
学割　giảm giá cho sinh viên

第22回　二つめの音読みを覚える漢字

No.	漢字	読み方	言葉
1	楽	ガク NHẠC	
		ラク LẠC	楽(な)
		たの・しい	
2	間	カン GIAN	
		ケン GIAN	人間
		あいだ	
		ま	
3	去	キョ KHỨ	
		コ KHỨ	過去
4	工	コウ CÔNG	
		ク CÔNG	工夫　大工
5	作	サク TÁC	
		サ TÁC	作業　副作用
		つく・る	
6	自	ジ TỰ	
		シ TỰ	自然(な)
7	男	ダン NAM	
		ナン NAM	次男　長男
		おとこ	
8	荷	に	荷物
9	日	ニチ NHẬT	
		ジツ NHẬT	休日　先日　当日　平日　本日
		ひ	
		か	
10	物	ブツ VẬT	
		モツ VẬT	荷物
		もの	

No.	漢字	読み方	言葉
11	文	ブン VĂN	
		モン VĂN	文字　注文
12	便	ベン TIỆN	
		ビン TIỆN	便　宅配便　郵便　郵便局
13	郵	ユウ BƯU	郵便　郵便局

楽　nhàn hạ, nhẹ nhàng
人間　con người
過去　quá khứ
工夫(する)　tìm tòi sáng tạo
大工　thợ mộc
作業(する)　lao động
副作用　tác dụng phụ
自然　thiên nhiên
次男　con trai thứ
長男　con trai lớn, trưởng nam
休日　ngày nghỉ
先日　hôm trước
当日　hôm đó
平日　ngày thường
本日　hôm nay
文字　chữ
注文(する)　đặt hàng
便　chuyến bay
宅配便　dịch vụ chuyển phát tận nhà
郵便　bưu điện

第23回 二つの音読みを覚える新しい漢字

No.	漢字	読み方	言葉
1	規	キ QUY	規則、不規則(な)、定規
2	券	ケン KHOÁN	券、定期券、旅券
3	再	サイ TÁI	再〜
		サ TÁI	再来月、再来週、再来年
4	則	ソク TẮC	規則、不規則(な)
5	定	テイ ĐỊNH	定員、定価、定期、定期券、定休日、定食、決定、予定
		ジョウ ĐỊNH	定規
6	判	ハン PHÁN	判こ、判断
		バン PHÁN	評判
7	評	ヒョウ BÌNH	評判
8	由	ユ DO	経由
		ユウ DO	自由(な)、理由

不規則　thất thường, bất quy tắc
定規　thước kẻ
券　vé
定期券　vé tháng, vé mùa
旅券　hộ chiếu
再〜　tái ~, ~ lại
定員　số hàng khách tối đa, số người quy định
定価　giá cố định
定期　vé tháng, vé mùa
定休日　ngày nghỉ cố định
定食　thực đơn cố định, thực đơn phần
決定(する)　quyết định
判こ　con dấu
判断(する)　phán quyết, kết luận
評判　đánh giá, bình phẩm
経由(する)　đi qua, quá cảnh

第24回　三つ以上の読み方を覚える漢字（１）

No.	漢字	読み方	言葉
1	下	カ HẠ	
		ゲ HẠ	下宿
		した	
		さ・げる	
		さ・がる	
		くだ・る	下り
		くだ・さる	
		お・ろす	
		お・りる	
2	菓	カ QUẢ	（お）菓子
3	外	ガイ NGOẠI	
		ゲ NGOẠI	外科
		そと	
		ほか	
		はず・す	外す（他）
		はず・れる	外れる
4	言	ゲン NGÔN	発言　方言
		ゴン NGÔN	伝言
		い・う	
		こと	言葉
5	後	ゴ HẬU	
		コウ HẬU	後半
		のち	後
		うしろ	
		あと	
6	行	コウ HÀNH	
		ギョウ HÀNH	行事
		い・く	
		おこな・う	行う（他）

No.	漢字	読み方	言葉
7	子	シ TỬ	（お）菓子　女子　男子　調子　電子レンジ
		ス TỬ	様子
		こ	
8	重	ジュウ TRỌNG	重大（な）　重要（な）　体重
		おも・い	
		かさ・ねる	重ねる（他）
		かさ・なる	重なる
9	伝	デン TRUYỀN	伝言
		つた・わる	伝わる
		つた・える	伝える（他）
10	土	ド THỔ	
		ト THỔ	土地
		つち	土
11	度	ド ĐỘ	
		タク ĐỘ	支度
		たび	度々
12	様	ヨウ DẠNG	様子
		さま	～様　様々（な）　王様

下り　(tàu) từ thủ đô đi địa phương
外科　ngoại khoa
外す　dỡ, tháo
外れる　chệch, sai, tuột, không trúng
発言（する）　phát ngôn
方言　tiếng địa phương
伝言（する）　truyền đạt lại tin nhắn
言葉　từ, ngôn từ, ngôn ngữ, tiếng nói
後半　nửa sau, phần sau
後　sau
行事　lễ lạt, lễ hội, ngày lễ
行う　tiến hành, tổ chức
女子　con gái, bé gái
男子　con trai, bé trai
調子　tình trạng, tình hình
電子レンジ　lò vi sóng
様子　tình hình, trạng thái, bộ dạng
重大　trọng đại, lớn, chủ chốt
重要　quan trọng
体重　cân nặng, trọng lượng cơ thể
重ねる　chồng, lặp đi lặp lại
重なる　chồng chéo, trùng lặp
伝わる　được chuyển tải, được truyền đạt
土地　đất, đất đai
土　đất
支度　chuẩn bị
度々　thường, thỉnh thoảng, (cứ lặp) đi đi lại lại
様々　nhiều, khác nhau
王様　vua

第25回　三つ以上の読み方を覚える漢字 (2)

No.	漢字	読み方	言葉
1	苦	ク KHỔ	苦労
		くる・しい	苦しい
			苦しむ
		にが・い	苦い
			苦手 (な)
2	形	ケイ HÌNH	三角形
		ギョウ HÌNH	人形
		かたち	形
3	指	シ CHỈ	指示
		ゆび	指
		さ・す	指す (他)
			目指す (他)
4	示	ジ THỊ	指示
5	消	ショウ TIÊU	消火器　消費
		き・える	消える
		け・す	消す (他)
6	神	シン THẦN	神経
		ジン THẦN	神社
		かみ	神　神様
7	守	ス THỦ	留守　留守番
		まも・る	守る (他)
8	数	スウ SỐ	数学　数字
			回数券　点数
		かず	数
		かぞ・える	数える (他)
9	相	ソウ TƯƠNG, TƯỚNG	相談
		ショウ TƯỚNG	首相
		あい	相手
10	談	ダン ĐÀM	相談
11	無	ム VÔ	無理 (な)　無料
		ブ VÔ	無事 (な)
		な・い	無い
			無くす (他)
			無くなる
12	留	リュウ LƯU	留学　留学生
		ル LƯU	留守　留守番
		と・める	書留

苦労　vất vả, khó nhọc
苦しい　đau khổ
苦しむ　đau khổ
苦手　yếu, không giỏi (về một cái gì đó)
三角形　hình tam giác
指示 (する)　yêu cầu, chỉ thị, ra lệnh
指す　chỉ
目指す　hướng đến, nhắm đến
消火器　bình cứu hỏa
消費 (する)　tiêu dùng
神経　thần kinh
神　thần, thần linh, thần thánh
神様　thần
留守番　trông nhà
守る　giữ, bảo vệ
回数券　bộ vé (thường được giảm giá)
点数　điểm số
数　số
数える　đếm
首相　thủ tướng
相手　đối tác
無料　miễn phí
無事　an toàn, bình yên vô sự
留学 (する)　du học
書留　bưu phẩm đảm bảo

N5・N4レベルの300字の漢字とその読み方

	No.	漢字	読み方	言葉の例
☐	1	悪	わるい	悪い
☐	2	安	アン	安心
☐			やすい	安い
☐	3	暗	くらい	暗い
☐	4	以	イ	以下
☐	5	医	イ	医者
☐	6	意	イ	意見
☐	7	一	イチ	一
☐			ひと	一月
☐			ひとつ	一つ
☐	8	引	ひく	引く
☐	9	員	イン	店員
☐	10	院	イン	病院
☐	11	飲	のむ	飲む
☐	12	右	みぎ	右
☐	13	雨	あめ	雨
☐	14	運	ウン	運動
☐			はこぶ	運ぶ
☐	15	英	エイ	英語
☐	16	映	エイ	映画
☐	17	駅	エキ	駅
☐	18	円	エン	～円
☐	19	園	エン	動物園
☐	20	遠	とおい	遠い
☐	21	屋	オク	屋上
☐			や	～屋
☐	22	音	オン	音楽
☐			おと	音

	No.	漢字	読み方	言葉の例
☐			カ	以下
☐			した	下
☐			さげる	下げる
☐	23	下	さがる	下がる
☐			くださる	下さる
☐			おろす	下ろす
☐			おりる	下りる
☐	24	火	カ	火事
☐			ひ	火
☐	25	何	なに	何
☐			なん	何～
☐	26	花	はな	花
☐	27	科	カ	科学
☐	28	夏	なつ	夏
☐	29	家	カ	家族
☐			いえ	家
☐	30	歌	うた	歌
☐			うたう	歌う
☐	31	画	ガ	映画
☐			カク	計画
☐	32	回	カイ	～回
☐			まわる	回る
☐			まわす	回す
☐	33	会	カイ	会社
☐			あう	会う
☐	34	海	うみ	海
☐	35	界	カイ	世界

	No.	漢字	読み方	言葉の例
☐	36	開	ひらく	開く
☐			あく	開く
☐			あける	開ける
☐	37	外	ガイ	外国
☐			そと	外
☐			ほか	外
☐	38	学	ガク	大学
☐	39	楽	ガク	音楽
☐			たのしい	楽しい
☐	40	寒	さむい	寒い
☐	41	間	カン	時間
☐			あいだ	間
☐			ま	間に合う
☐	42	漢	カン	漢字
☐	43	館	カン	図書館
☐	44	顔	かお	顔
☐	45	危	キ	危険
☐			あぶない	危ない
☐	46	気	キ	元気
☐	47	起	おきる	起きる
☐			おこす	起こす
☐	48	帰	かえる	帰る
☐			かえす	帰す
☐	49	九	キュウ	九
☐			ク	九
☐			ここの	九日
☐			ここのつ	九つ
☐	50	休	やすむ	休む
☐	51	究	キュウ	研究
☐	52	急	キュウ	特急
☐			いそぐ	急ぐ

	No.	漢字	読み方	言葉の例
☐	53	牛	ギュウ	牛肉
☐			うし	牛
☐	54	去	キョ	去年
☐	55	魚	さかな	魚
☐	56	京	キョウ	東京
☐	57	強	キョウ	勉強
☐			つよい	強い
☐	58	教	キョウ	教室
☐			おしえる	教える
☐	59	業	ギョウ	工業
☐	60	近	キン	近所
☐			ちかい	近い
☐	61	金	キン	金曜日
☐			かね	お金
☐	62	銀	ギン	銀行
☐	63	区	ク	〜区
☐	64	空	クウ	空気
☐			そら	空
☐			あく	空く
☐			あける	空ける
☐	65	兄	キョウ	兄弟
☐			あに	兄
☐	66	計	ケイ	計画
☐	67	軽	かるい	軽い
☐	68	月	ゲツ	今月
☐			ガツ	〜月
☐			つき	毎月
☐	69	犬	いぬ	犬

N5・N4レベルの300字の漢字とその読み方 — 29

	No.	漢字	読み方	言葉の例
☐	70	見	ケン	見物
☐			みる	見る
☐			みえる	見える
☐			みせる	見せる
☐	71	建	たてる	建物
☐			たつ	建つ
☐	72	研	ケン	研究
☐	73	県	ケン	県
☐	74	険	ケン	危険
☐	75	験	ケン	試験
☐	76	元	ゲン	元気
☐	77	言	いう	言う
☐	78	古	ふるい	古い
☐	79	五	ゴ	五
☐			いつ	五日
☐			いつつ	五つ
☐	80	午	ゴ	午前
☐	81	後	ゴ	午後
☐			うしろ	後ろ
☐			あと	後
☐	82	語	ゴ	～語 英語
☐	83	口	コウ	人口
☐			くち	口
☐	84	工	コウ	工業
☐	85	広	ひろい	広い
☐	86	交	コウ	交通
☐	87	光	ひかる	光る
☐			ひかり	光
☐	88	好	すき	好き
☐	89	考	かんがえる	考える

	No.	漢字	読み方	言葉の例
☐	90	行	コウ	旅行
☐			いく	行く
☐	91	校	コウ	学校
☐	92	高	コウ	高校
☐			たかい	高い
☐	93	号	ゴウ	番号
☐	94	合	ゴウ	都合
☐			あう	合う
☐	95	国	コク	外国
☐			くに	国
☐	96	黒	くろ	黒
☐			くろい	黒い
☐	97	今	コン	今月
☐			いま	今
☐	98	左	ひだり	左
☐	99	菜	サイ	野菜
☐	100	作	サク	作文
☐			つくる	作る
☐	101	三	サン	三
☐			みっつ	三つ
☐	102	山	やま	山
☐	103	産	サン	生産
☐	104	子	こ	子
☐	105	止	とまる	止まる
☐			とめる	止める
☐	106	氏	シ	氏名
☐	107	仕	シ	仕事
☐	108	四	シ	四
☐			よっつ	四つ
☐			よん	四
☐	109	市	シ	市民

	No.	漢字	読み方	言葉の例
☐	110	死	しぬ	死ぬ
☐	111	私	わたくし	私
☐			わたし	私
☐	112	使	シ	大使館
☐			つかう	使う
☐	113	始	はじめる	始める
☐			はじまる	始まる
☐	114	姉	あね	姉
☐	115	思	おもう	思う
☐	116	紙	かみ	手紙
☐	117	試	シ	試験
☐	118	字	ジ	漢字
☐	119	次	つぎ	次
☐	120	耳	みみ	耳
☐	121	自	ジ	自転車
☐	122	事	ジ	食事
☐			こと	事　仕事
☐	123	持	もつ	持つ
☐	124	時	ジ	時間
☐			とき	時　時々
☐	125	七	シチ	七
☐			ななつ	七つ
☐			なの	七日
☐	126	室	シツ	教室
☐	127	質	シツ	質問
☐	128	写	シャ	写真
☐			うつす	写す
☐	129	社	シャ	社会
☐	130	車	シャ	自転車
☐			くるま	車
☐	131	者	シャ	医者

	No.	漢字	読み方	言葉の例
☐	132	借	かりる	借りる
☐	133	弱	よわい	弱い
☐	134	手	シュ	運転手
☐			て	手
☐	135	主	シュ	（ご）主人
☐	136	取	とる	取る
☐	137	首	くび	首
☐	138	秋	あき	秋
☐	139	終	おわる	終わる
☐	140	習	ならう	習う
☐	141	週	シュウ	今週
☐	142	集	あつまる	集まる
☐			あつめる	集める
☐	143	十	ジュウ	十
☐			とお	十　十日
☐	144	住	ジュウ	住所
☐			すむ	住む
☐	145	重	おもい	重い
☐	146	出	シュツ	出発
☐			でる	出る
☐			だす	思い出す
☐	147	春	はる	春
☐	148	所	ショ	住所
☐			ところ	所
☐	149	書	ショ	図書館
☐			かく	書く
☐	150	暑	あつい	暑い
☐	151	女	おんな	女
☐	152	小	ショウ	小学校
☐			ちいさい	小さい
☐			こ	小鳥

N5・N4レベルの300字の漢字とその読み方 — 31

No.	漢字	読み方	言葉の例
153	少	すくない	少ない
		すこし	少し
154	上	ジョウ	屋上
		うえ	上
		うわ	上着
		あげる	上げる
		あがる	上がる
155	乗	のる	乗る
156	場	ジョウ	会場
		ば	場所
157	色	いろ	色
158	食	ショク	食事
		たべる	食べる
159	心	シン	心配
		こころ	心
160	真	シン	写真
161	進	すすむ	進む
		すすめる	進める
162	森	もり	森
163	寝	ねる	寝る
164	新	シン	新聞
		あたらしい	新しい
165	親	シン	親切
		おや	親
166	人	ジン	人口
		ニン	～人
		ひと	人
167	図	ズ	地図
		ト	図書館
168	水	スイ	水道
		みず	水

No.	漢字	読み方	言葉の例
169	世	セ	世界
170	正	ショウ	正月
		ただしい	正しい
171	生	セイ	学生
		いきる	生きる
		うまれる	生まれる
172	西	セイ	西洋
		にし	西
173	声	こえ	声
174	青	あお	青い
175	夕	ゆう	夕方
176	赤	あか	赤い
177	切	セツ	親切
		きる	切る
178	説	セツ	説明
179	千	セン	千
180	川	かわ	川
181	先	セン	先月
		さき	先
182	洗	あらう	洗う
183	全	ゼン	全部
		まったく	全く
184	前	ゼン	午前
		まえ	前
185	早	はやい	早い
186	走	はしる	走る
187	送	おくる	送る
188	足	あし	足
		たりる	足りる
		たす	足す
189	族	ゾク	家族

32 ― N5・N4レベルの300字の漢字とその読み方

	No.	漢字	読み方	言葉の例
☐	190	村	むら	村
☐	191	多	タ	多分
☐			おおい	多い
☐	192	太	ふとい	太い
☐			ふとる	太る
☐	193	体	タイ	大体
☐			からだ	体
☐	194	待	まつ	待つ
☐	195	貸	かす	貸す
☐	196	大	ダイ	大学
☐			タイ	大切
☐			おおきい	大きい
☐	197	代	ダイ	時代
☐			かわる	代わりに
☐	198	台	ダイ	台所
☐			タイ	台風
☐	199	題	ダイ	問題
☐	200	短	みじかい	短い
☐	201	男	おとこ	男
☐	202	地	チ	地図
☐	203	池	いけ	池
☐	204	知	しる	知る
☐	205	茶	チャ	お茶
☐	206	着	きる	着る
☐			つく	着く
☐	207	中	チュウ	中学校
☐			ジュウ	～中
☐			なか	中
☐	208	注	チュウ	注意
☐	209	昼	ひる	昼

	No.	漢字	読み方	言葉の例
☐	210	町	チョウ	～町
☐			まち	町
☐	211	長	チョウ	社長
☐			ながい	長い
☐	212	鳥	とり	鳥
☐	213	朝	あさ	朝
☐	214	通	ツウ	交通
☐			とおる	通る
☐			かよう	通う
☐	215	低	ひくい	低い
☐	216	弟	ダイ	兄弟
☐			おとうと	弟
☐	217	天	テン	天気
☐	218	店	テン	店員
☐			みせ	店
☐	219	転	テン	運転
☐	220	田	た	田中さん
☐	221	電	デン	電気
☐	222	都	ト	～都
☐			ツ	都合
☐	223	土	ド	土曜日
☐	224	度	ド	一度
☐	225	冬	ふゆ	冬
☐	226	東	ひがし	東
☐	227	答	こたえる	答える
☐			こたえ	答え
☐	228	頭	あたま	頭
☐	229	同	おなじ	同じ
☐	230	動	ドウ	動物
☐			うごく	動く
☐	231	堂	ドウ	食堂

N5・N4レベルの300字の漢字とその読み方

	No.	漢字	読み方	言葉の例
☐	232	道	ドウ	水道
☐			みち	道
☐	233	働	はたらく	働く
☐	234	特	トク	特別
☐	235	読	よむ	読む
☐	236	南	みなみ	南
☐	237	二	ニ	二
☐			ふたつ	二つ
☐	238	肉	ニク	肉
☐	239	日	ニチ	毎日
☐			ひ	日
☐			か	三日
☐	240	入	ニュウ	入学
☐			いる	入口
☐			いれる	入れる
☐			はいる	入る
☐	241	年	ネン	来年
☐			とし	年
☐	242	売	うる	売る
☐	243	買	かう	買う
☐	244	白	しろ	白
☐			しろい	白い
☐	245	八	ハチ	八
☐			やっつ	八つ
☐			よう	八日
☐	246	発	ハツ	出発
☐	247	半	ハン	半分
☐	248	飯	ハン	夕飯
☐	249	晩	バン	毎晩
☐	250	番	バン	番号
☐	251	疲	つかれる	疲れる

	No.	漢字	読み方	言葉の例
☐	252	百	ヒャク	百
☐	253	病	ビョウ	病院
☐	254	品	ヒン	食料品
☐			しな	品物
☐	255	不	フ	不便
☐	256	父	ちち	父
☐	257	部	ブ	全部
☐	258	風	フウ	台風
☐			かぜ	風
☐	259	服	フク	洋服
☐	260	物	ブツ	動物
☐			もの	買い物
☐	261	分	ブン	自分
☐			フン	〜分
☐			ブ	大分
☐			わかる	分かる
☐	262	文	ブン	文学
☐	263	聞	ブン	新聞
☐			きく	聞く
☐			きこえる	聞こえる
☐	264	別	ベツ	特別
☐			わかれる	別れる
☐	265	返	ヘン	返事
☐			かえす	返す
☐	266	便	ベン	便利
☐	267	勉	ベン	勉強
☐	268	歩	あるく	歩く
☐	269	母	はは	母
☐	270	方	ホウ	地方
☐			かた	あの方
☐	271	北	きた	北

34 ── N5・N4レベルの300字の漢字とその読み方

	No.	漢字	読み方	言葉の例
☐☐	272	木	モク / き	木曜日 / 木
☐	273	本	ホン	本
☐	274	毎	マイ	毎朝
☐	275	妹	いもうと	妹
☐	276	万	マン	万
☐☐	277	味	ミ / あじ	意味 / 味
☐	278	民	ミン	市民
☐☐	279	名	メイ / な	有名 / 名前
☐	280	明	あかるい	明るい
☐	281	目	め	目
☐	282	門	モン	門
☐	283	問	モン	質問
☐☐	284	夜	ヤ / よる	今夜 / 夜
☐	285	野	ヤ	野菜
☐	286	薬	くすり	薬
☐	287	有	ユウ	有名
☐	288	用	ヨウ	利用
☐	289	洋	ヨウ	洋服
☐	290	曜	ヨウ	月曜日
☐☐	291	来	ライ / くる	来月 / 来る
☐	292	利	リ	便利
☐	293	理	リ	料理
☐☐	294	立	たつ / たてる	立つ / 立てる
☐	295	旅	リョ	旅行
☐	296	料	リョウ	料理

	No.	漢字	読み方	言葉の例
☐	297	力	ちから	力
☐	298	林	はやし	林
☐☐☐	299	六	ロク / むっつ / むい	六 / 六つ / 六日
☐☐☐	300	話	ワ / はなす / はなし	電話 / 話す / 話

N5・N4レベルの300字の漢字とその読み方

特別な読み方をする漢字の言葉

N4までの漢字(300字)で特別な読み方をする漢字の言葉です。

	No.	読み方	言葉
☐	1	あす	明日
☐	2	おかあさん	お母さん
☐	3	おとうさん	お父さん
☐	4	おとな	大人
☐	5	きょう	今日
☐	6	けさ	今朝
☐	7	ことし	今年
☐	8	じょうず	上手
☐	9	ついたち	一日
☐	10	とけい	時計
☐	11	にいさん	兄さん
☐	12	ねえさん	姉さん
☐	13	はたち	二十
☐	14	はつか	二十日
☐	15	ひとり	一人
☐	16	ふたり	二人
☐	17	ふつか	二日
☐	18	へた	下手
☐	19	へや	部屋
☐	20	みやげ	土産
☐	21	やおや	八百屋

解答

第1部　一つの漢字で言葉になる漢字

第1回

1　①は　②ね　③むし　④うま　⑤くさ　⑥つま　⑦いのち　⑧こども
2　①a　②b　③b　④a　⑤b　⑥c　⑦c
3　①雲（くも）　②星（ほし）　③皆さん（みなさん）　④岩（いわ）　⑤畑（はたけ）
4　①3組（3くみ）　②毛（け）　③米（こめ）　④糸（いと）
5　①ものがたり　②そとがわ　③ばんぐみ　④いちば　⑤a おおがた　b まど　⑥昔

第2回

1　①なげました　②うちます　③ないて　④わらって
2　①a　②b　③a
3　①こんで　②ころした　③ひっこす　④おちついて
4　①払ったら（はらったら）　②折って（おって）　③押す（おす）
5　①並べた（ならべた）　②落ちる（おちる）　③迎える（むかえる）　④渡って（わたって）

第3回

1　①へります　②こまります　③たすけます　④よろこびます
2　①b　②b　③b　④b　⑤c
3　①泊まった（とまった）　②付いて（ついて）　③計って（はかって）　④晴れる（はれる）
4　①申します（もうします）　②困りました（こまりました）　③負けて（まけて）
　　④届いた（とどいた）　⑤続く（つづく）
5　①もうしこみ　②おねがいします　③へって　④ひづけ　⑤つきあう　⑥鳴いて　⑦助けて

第4回

1　①あたたかい　②あつい　③まるい　④むずかしい
2　①b　②a　③a　④a
3　①忙しかった（いそがしかった）　②涼しい（すずしい）　③悲しい（かなしい）
4　①きいろい　②静かな　③若い

特別な読み方をする漢字の言葉

1　①a　②b　③a　④b　⑤a
2　①えがお　②まっかな　③ともだち　④てつだって

まとめ問題（1）

1　①2　②2　③3　④4　⑤4
2　①1　②2　③2　④4　⑤1
3　①a きづきません　②b みなさん　c もうしあげます　③d おとしもの　e とどけた
　　④f ひづけ　⑤g ばんぐみ　⑥h おちついて　⑦i そとがわ　j こがた　⑧k まっくら
　　⑨l わかもの　m あつい　⑩n むかし　o ものがたり　p まなべる
4　a 馬　b 子供さん　c 虫　d ほし　e はたけ　f 雪　g おとまり　h 申し込み

第2部　たくさんの言葉を作る漢字

第5回

1　①a しんゆう　b ゆうじん　②a ぜんりょく　b たいりょく　③a かんどう　b かんじました
　　④a じょせい　b だんせい
2　①a　②a　③a　④c
3　①線（せん）　②会費（かいひ）　③自信（じしん）　④期間（きかん）　⑤友情（ゆうじょう）
4　①a 両親（りょうしん）　b 両側（りょうがわ）
　　②a 道具（どうぐ）　　b 家具（かぐ）
　　③a 情報（じょうほう）　b 電報（でんぽう）
5　①副社長（ふくしゃちょう）　②第18回（だい18かい）　③各クラス（かくクラス）
　　④具体的に（ぐたいてきに）　⑤イタリア製（イタリアせい）

第6回

1　①a さいきん　b もっとも　②a きめた　b けっしん　③a はやい　b じそく
　　④a ぞうか　b ふえました
2　①b　②a　③b　④b　⑤b　⑥c
3　①a おもて　b ひょう　②a うちがわ　b あんない　③a くわえる　b ついか
4　①温める（あたためる）　②当たる（あたる）　③追いついた（おいついた）　④結んだ（むすんだ）
5　①a 温度（おんど）　　b 体温計（たいおんけい）
　　②a 当番（とうばん）　b 当然（とうぜん）
　　③a 結果（けっか）　　b 結婚（けっこん）
6　①まいります　②ほうめん　③a 最高気温　b 本当　④以内

まとめ問題（2）

1　①1　②2　③3　④3　⑤4
2　①1　②3　③1　④4　⑤3
3　例）1 両側　2 両親　3 両方　④食料
　　①　1 記事　2 記者　③期間　4 記入
　　②　1 信用　②心配　3 信じた　4 信号
　　③　①野菜　2 最後　3 最高　4 最近
　　④　①内科　2 増加　3 追加　4 参加
4　a 最大　b だいひょう　c ぜんりょく　d けっか　e 感動的な　f ほんとう

第3部　場面の言葉を作る漢字

第7回

1　a ぼうえき　b えいぎょうぶ　c こうこく　d しょうひんかんり　e ゆにゅう　f ぎじゅつ
2　①a　②c　③a　④b　⑤c
3　①しょうてん　②きかい　③手術　④輸出
4　①商業（しょうぎょう）　②製造業（せいぞうぎょう）　③建設業（けんせつぎょう）
　　④農業（のうぎょう）

第8回

1　a こくさい　b せいふ　c せいちょう　d こうむいん　e けんり　f だんたい　g かいぎ
2　①b　②c　③a　④a）a　b）c　⑤a
3　①a 体力（たいりょく）　b 協力（きょうりょく）
　　②a 条件（じょうけん）　b 事件（じけん）
　　③a 完成（かんせい）　b 完全（かんぜん）
　　④a 制限（せいげん）　b 制度（せいど）
4　a だんち　b 事務所　c 会議室　d わしつ　e 役に立つ

第9回

1　aせんしゅ　bゆうしょう　cげんざい　dあらわれた　eかつ　fえらばれて　gなおって　hたたかって
2　①a　②c　③a　④c　⑤a　⑥b
3　①a 経験（けいけん）　b 経営（けいえい）
　　②a 石（いし）　　　　b 石油（せきゆ）
　　③a 政治家（せいじか）　b 治らない（なおらない）
4　aねあがり　bだんボール　cぶっか　dじょゆう　eやさしい

まとめ問題（3）

1　①2　②2　③4　④1　⑤2
2　①1　②2　③4　④3　⑤3
3　①aひろく　bこうこく　②cはたらいて　dろうどうじょうけん　③eけんせつ　fたてられた
4　①制限速度（せいげんそくど）　②経済成長（けいざいせいちょう）
　　③平和団体（へいわだんたい）　④輸入食品（ゆにゅうしょくひん）
　　⑤国際協力（こくさいきょうりょく）

第10回

1　aけっせき　bそつぎょう　cじゅぎょう　dしゅっせき　eぶんぽう　fてん　gごうかく　hしゅくだい
2　①c　②b　③c　④a
3　①じしょ　②かいとう　③かんたん　④こうとうがっこう
4　①a 資格（しかく）　b 性格（せいかく）
　　②a 私立（しりつ）　b 公立（こうりつ）
　　③a 理解（りかい）　b 解決（かいけつ）
5　a 短期大学（たんきだいがく）　b 合格（ごうかく）　c 解説（かいせつ）　d 資料（しりょう）

第11回

1　aほけん　bおしはらい　cたいいん　dやっきょく　eひじょうぐち
2　①c　②a　③a) a　b) b　④a
3　①地球（ちきゅう）　②支出（ししゅつ）　③給食（きゅうしょく）　④予算（よさん）
4　a 生活　b 2階　c 絵　d しょるい　e しょっき　f しゅうり　g 活動

第12回

1　a しき　b じゅんび　c しかい　d しょうかい　e しゅっしん　f きねん
2　①b　②a　③c　④a　⑤b
3　①a 速達（そくたつ）　b 発達（はったつ）
　②a 出身（しゅっしん）　b 身長（しんちょう）
　③a 失敗（しっぱい）　b 失業（しつぎょう）
　④a 原因（げんいん）　b 原料（げんりょう）
4　a さんふじんか　b ふつう　c 紹介　d お礼　e みらい　f 約束

第13回

1　a れきし　b ぶんか　c ほぞん　d かがく　e ぎもん　f どくしょ　g かんそう
2　①b　②b　③a　④b　⑤a
3　①満足（まんぞく）　②検査（けんさ）　③反省（はんせい）　④不足（ふそく）　⑤可能（かのう）
4　a 20～29さい　b あい　c がくれき　d はんたい　e せきにん　f りそう

第14回

1　a ふうふ　b おっと　c つとめて　d しゅっきん　e れんきゅう　f つれて
2　①a) b　b) a　②b　③b
3　①a 家庭（かてい）　b 庭（にわ）
　②a 田中君（たなかくん）　b 君（きみ）
　③a 夢中（むちゅう）　b 夢（ゆめ）
　④a 幸せ（しあわせ）　b 幸福（こうふく）
4　①関心（かんしん）　②面接（めんせつ）　③連れて（つれて）　④忘れて（わすれて）
5　①a ほか　b かかり　②a たにん　b みなおした　③a は　b 血　c しか　④ちょくせん
6　a つうきん　b こうふく　c かんけい　d かてい　e ふうふ　f しあわせ　g つとめる　h ゆめ

まとめ問題（4）

1　①2　②4　③4　④2　⑤4
2　①1　②2　③2　④4　⑤3
3　①a なおして　b ちょくせつ　②c しつぎょう　d しっぱい　③e ぶんぽう　f ほうほう
　④g ふそく　h まんぞく　⑤i けいさん　j ひきざん
4　①a たんしょ　b わすれもの　②c ひじょうに　③d けっきょく　e 歯医者
　④f かいだん　g 電球　⑤h 約　i きょうし　⑥j えのぐ　k 楽器　⑦l 点線

第15回

1　aせんろ　bじこ　cちかてつ　dおきゃくさま　eちゅうおう　fしょうめいしょ　gてつどう
2　①b　②b　③a　④a
3　①31億人（31おくにん）　②2枚（2まい）　③何個（なんこ）　④38秒（38びょう）
　　⑤4倍（4ばい）
4　①a 放送（ほうそう）　b 送料（そうりょう）
　　②a 発明（はつめい）　b 説明（せつめい）
　　③a 週末（しゅうまつ）　b 月末（げつまつ）
5　a鉄道　b観光　cこじん　dりょこうきゃく　e高速道路　f航空機

第16回

1　aうつくしい　bしま　cおよごう　dびじゅつかん　eとざん　fくうこう　gむこう　hみなと
　　iふね　jのぼります
2　①c　②a　③b　④c　⑤b　⑥c
3　①a 位置（いち）　　　b 置かないで（おかないで）
　　②a 横断（おうだん）　b 横（よこ）
　　③a 方向（ほうこう）　b 向かって（むかって）
　　④a 遊園地（ゆうえんち）　b 遊んだ（あそんだ）
4　①aふうせん　bとんで　②aひこうき　bざせき　③さしあげた　④しかくい
　　⑤aなみ　b水泳　⑥通過　⑦a角　b交差点
5　（1）a 半島（はんとう）　b 方角（ほうがく）　c 島（しま）　d 登山（とざん）
　　（2）e 火山（かざん）　f 船（ふね）　g 美術館（びじゅつかん）　h 過ごせる（すごせる）

まとめ問題（5）

1　①3　②1　③2　④4　⑤4
2　①3　②1　③3　④1　⑤4
3　例）銀行　　①旅行　　2観光　　3方向
　　①説明　　1有名　　2氏名　　③証明書
　　②放送　　①送信　　2感想　　3戦争
　　③断水　　1値段　　②横断　　3団体
4　aでんぱ　bなんばい　c明るく　d光って　eのぼる　fとおく　gあそばせたり　hおうだん
　　i向かい　j美しい　k送ります　l昼すぎ

第4部　音読みと訓読みを覚える漢字

第17回

1　①aとめる　bきんし　②aほどう　bあるきましょう　③aせんめんじょ　bあらって
　④aならった　bふくしゅう　⑤aかしゅ　bうた　cうたった
2　①c　②a　③b　④a
3　①a集まる（あつまる）　　b集合する（しゅうごうする）
　②a進む（すすむ）　　　　 b進歩する（しんぽする）
　③a始める（はじめる）　　 b開始する（かいしする）
4　①a売店（ばいてん）　　　b売って（うって）
　②a帰宅（きたく）　　　　 b帰ったら（かえったら）
　③a参考（さんこう）　　　 b考えて（かんがえて）
　④a不思議な（ふしぎな）　 b思った（おもった）
5　①ひらかれた　②あけた　③a練習　bきたい

第18回

1　①aかいがい　bうみ　②aつぎ　bもくじ　③aふぼ　bちち　cはは
　④aあさ　bちょうしょく
2　①b　②a　③b　④b　⑤c　⑥b
3　①a表紙（ひょうし）　　　b紙（かみ）
　②a最低（さいてい）　　　 b低かった（ひくかった）
　③a特色（とくしょく）　　 b色（いろ）
　④a科目（かもく）　　　　 b注目（ちゅうもく）
4　①じじょ　②くび　③aすくない　bすこし　④せいねん　⑤a森　bしょうねん　⑥電池

まとめ問題（6）

1　①1　②1　③4　④2　⑤3
2　①4　②3　③1　④2　⑤3
3　①試合開始（しあいかいし）　②集合時間（しゅうごうじかん）
　③申し込み用紙（もうしこみようし）　④横断歩道（おうだんほどう）
　⑤使用禁止（しようきんし）
4　（シ）始 止 思 紙　（ショク）食 職 色　（シン）進 寝 新 森

第19回

1 ①a りょう　b はかって　②a のこって　b ざんぎょう　③a しゅうかん　b なれました
2 ①a 移る（うつる）　　b 移動する（いどうする）
　②a 調べる（しらべる）　b 調査する（ちょうさする）
　③a 変わる（かわる）　　b 変化する（へんかする）
　④a 防ぐ（ふせぐ）　　　b 防止する（ぼうしする）
3 ①a　②b　③b　④c　⑤a
4 ①流行（りゅうこう）　②植物（しょくぶつ）　③訪問（ほうもん）　④受験（じゅけん）
5 ①a 配ります（くばります）　　b 配達（はいたつ）
　②a 曲がって（まがって）　　　b 曲（きょく）　　c 作曲（さっきょく）
　③a 違います（ちがいます）　　b 違反（いはん）
　④a 育てられた（そだてられた）b 体育館（たいいくかん）
6 ①うけつけ　②たずねた　③ながれて　④あずけた　⑤調味料　⑥植えた

第20回

1 ①a あつい　b ねつ　②a かくじつな　b たしかめます　③a たとえば　b れい
2 ①c　②a　③a　④b　⑤c　⑥b　⑦a
3 ①a 初め（はじめ）　　　　b 最初（さいしょ）
　②a 頭が痛い（あたまがいたい）b 頭痛がする（ずつうがする）
　③a 必ず要る（かならずいる）　b 必要だ（ひつようだ）
4 ①種類（しゅるい）　②深く（ふかく）　③橋（はし）
5 ①へいねつ　②たしかに　③たね　④ただしい　⑤初めて

まとめ問題（7）

1 ①2　②4　③2　④1　⑤3
2 ①3　②1　③1　④4　⑤2
3 ①必要書類（ひつようしょるい）　②化学変化（かがくへんか）　③生活習慣（せいかつしゅうかん）
　④大量生産（たいりょうせいさん）
4 ①a じゅけん　b うけとった　②a りゅうこう　b ながされて　③a ただしい　b せいかくに
5 （イ）医 以 移 違　（キュウ）求 球 級 休
　（ホウ）法 報 方 訪　（ヨウ）曜 用 要 洋

第5部　たくさんの読み方がある漢字

第21回

1　①aおりる　bふって　②aほそい　bこまかい　③aかれ　bかのじょ　④aさます　bひやす
2　①a　②a　③b
3　①遅い（おそい）　②汚い（きたない）　③転がって（ころがって）　④閉めて（しめて）
4　①aこんや　bよなか　②aあがった　bうわぎ　cのぼり　③aそら　bから
　　④aこうこうせい　bなま　cいきて　⑤aわりびき　bわれて　⑥aさめても　bおぼえて
5　①a生まれた（うまれた）　b生えて（はえて）
　　②a汚れて（よごれて）　b汚く（きたなく）
　　③a冷たい（つめたい）　b冷やして（ひやして）
　　④a自転車（じてんしゃ）　b転んで（ころんで）
　　⑤a遅い（おそい）　b遅れて（おくれて）

第22回

1　①aゆうびんきょく－bたくはいびん　cべんり－dふべん
　　②aこうじょう－dこうぎょう　cだいく－bくふう
　　③aにちようび－dにちじ　cせんじつ－bへいじつ
2　①b　②c　③b　④b　⑤a
3　①a自分（じぶん）　b自然（しぜん）
　　②a見物（けんぶつ）　b荷物（にもつ）
　　③a人間（にんげん）　b期間（きかん）
　　④a文化（ぶんか）　b注文（ちゅうもん）
4　①aらく　bたのしい　②aさくひん　bさぎょう　③a休日　b日当たり

第23回

1　①aさらいしゅう　bさいしけん　②aひょうばん　bはんだん　③aけいゆ　bじゆう
2　①b　②a　③b　④c
3　①定休日（ていきゅうび）　②規則（きそく）　③評判（ひょうばん）
4　①定価　②券　③再利用

第24回

1　①a おもい　b かさねる　②a おんなのこ　b ようす　③a ぎょうじ　b おこなわれる
　　④a とち　b つち

2　①a 伝えて（つたえて）　　　　　　b 伝言して（でんごんして）
　　②a 何度も（なんども）　　　　　　b 度々（たびたび）
　　③a 真ん中より後（まんなかよりあと）b 後半（こうはん）
　　④a 体の重さ（からだのおもさ）　　b 体重（たいじゅう）

3　①c　②b　③a　④b　⑤a

4　①a おりる　b くだり　c さがって　②a いう　b ことば　c はつげん
　　③a したのこ　b ちょうし　c ようす　④a いったら　b こうどう　c おこなって
　　⑤a がいしゅつ　b はずれて

5　①お客様　②重要な　③a 男子　b 女子

第25回

1　①a にんぎょう　b かたち　c さんかくけい　②a すうじ　b かず　c かぞえる

2　①a くるしい　b にがい　c くろう　②a しょうかき　b けす　c きえた
　　③a ゆび　b さす　c しじ　④a なくす　b ぶじ　c むりょう

3　①b　②b　③b　④a

4　①守る（まもる）　②相手（あいて）　③消えなかった（きえなかった）　④苦しそう（くるしそう）

5　①a 相談（そうだん）　b 相手（あいて）　c 首相（しゅしょう）
　　②a 神社（じんじゃ）　b 神様（かみさま）　c 神経（しんけい）
　　③a 留学（りゅうがく）　b 留守番（るすばん）　c 書留（かきとめ）
　　④a 数える（かぞえる）　b 点数（てんすう）　c 数（かず）

実力テスト

実力テスト1

問題1　[1] 1　[2] 4　[3] 2　[4] 4　[5] 1　[6] 3　[7] 4　[8] 4
問題2　[1] 1　[2] 2　[3] 3　[4] 2　[5] 3　[6] 4

実力テスト2

問題1　[1] 2　[2] 1　[3] 2　[4] 4　[5] 1　[6] 3　[7] 2　[8] 4
問題2　[1] 2　[2] 3　[3] 4　[4] 2　[5] 4　[6] 1